"十四五"时期国家重点出版物出版专项规划项目
先进制造理论研究与工程技术系列

混合动力车队
节能优化控制研究

Research on Energy-Saving Optimization Control
for the Platoon of Hybrid Electric Vehicles

张海龙 著

哈尔滨工业大学出版社
HARBIN INSTITUTE OF TECHNOLOGY PRESS

内 容 简 介

本书以网联混合动力车队为对象，旨在利用智能网联技术打破车队间信息壁垒，将驾驶行为与动力系统内部控制组成系统架构，从动力系统、整车与车队三个层级充分挖掘能耗优化潜能，为深层智能网联混合动力车队多车协同节能优化控制提供可能。

本书可为车辆工程与交通运输工程领域学术研究及工程研发提供参考。

图书在版编目(CIP)数据

混合动力车队节能优化控制研究/张海龙著.
哈尔滨:哈尔滨工业大学出版社,2024.10.—(先进制造理论研究与工程技术系列).—ISBN 978-7-5767-1407-4

I.U469.7

中国国家版本馆CIP数据核字第20248KL271号

策划编辑	许雅莹
责任编辑	王　丹　周轩毅
封面设计	刘　乐
出版发行	哈尔滨工业大学出版社
社　　址	哈尔滨市南岗区复华四道街10号　邮编150006
传　　真	0451-86414749
网　　址	http://hitpress.hit.edu.cn
印　　刷	哈尔滨博奇印刷有限公司
开　　本	720 mm×1 020 mm　1/16　印张11.25　字数190千字
版　　次	2024年10月第1版　2024年10月第1次印刷
书　　号	ISBN 978-7-5767-1407-4
定　　价	58.00元

(如因印装质量问题影响阅读,我社负责调换)

前　言

随着能源需求量触底反弹,全球与能源相关的二氧化碳排放量创有史以来最大的单次增幅,能源供需失衡,导致能源危机蔓延全球,再次向能源转型发展进程敲响了警钟。交通运输是绿色低碳转型的主战场。其中,新能源汽车的智能化、网联化、生态化发展是实现绿色交通的重要途径;然而,如何通过人工智能结合网联通信技术手段实现新能源汽车深层节能减排,是"三化"改革的交点,亦是涉及多学科交叉的技术难点。

基于车队的行驶模式是高效多车成组方式,可在有效提升道路交通整体通行效率的同时减少能源消耗。其中,混合动力车队兼具内燃机车续驶里程长与电动车绿色低碳的优势,是当前新能源运输车队的主流发展趋势。然而,混合动力车队车辆构型复杂、驾驶环境状态多变,难以实现多车协同,特别是涉及车辆动力系统层面的生态驾驶尚未形成系统性解决方案,未能充分发挥车联网环境下信息互联、统筹规划的优势,网联混合动力车队节能减排优化潜力未能完全释放,所以迫切需要打破车队间信息壁垒,将驾驶行为与动力系统内部控制形成系统架构,从动力系统、整车与车队三个层级充分挖掘能耗优化潜能,为深层智能网联混合动力车队多车协同节能优化控制提供可能。

本书研究了混合动力车队在行驶过程中纵向运动与动力系统能源的共态转移模式,将节能优化总体架构划分为能量管理、节能驾驶与队列控制三个层级。在能量管理方面,研究了混合动力车辆中动力电池荷电状态(SOC)全局规划方法,提升了 SOC 长期规划能力,避免用户出现里程焦虑;还研究了能量管理系统约束下的安全强化学习训练方法,攻克了标准工况离线参数匹配与现实复杂场景差异所导致的泛化能力差的难题。在节能驾驶方面,研究了混合动力车辆速度规划与能量管理协同控制方法,保证了全局优化能力的同时降低了策略优化复杂度。在队列控制方面,研究了网联混合动力车队多车协同节能优化控制架构,引导车队车辆相互配合优化驾驶行为与动力系统工作效率,利用车队各车节能驾驶策略中共享、共通的潜在规律实现加速训练,同时提升控制策略的鲁棒性与复杂环境适应性。

本书共 6 章，由中北大学张海龙撰写及统稿。本书根据作者本人多年学术研究系列工作整理而成（公开发表论文专利参见附录），面向车辆工程与交通运输工程领域的研究生，也可以为从事相关领域的工程技术人员提供参考。

由于作者水平有限，书中难免有疏漏及不足之处，敬请谅解，欢迎专家和读者给予批评指正。

作　者
2024 年 5 月

目　　录

第 1 章　绪论 ··· 1
1.1　研究背景与意义 ·· 1
1.2　网联混合动力车队节能优化控制研究现状 ············· 3
1.3　研究现状总结与存在的问题 ································ 20
1.4　研究的主要内容 ··· 22
本章参考文献 ·· 26

第 2 章　网联混合动力车队建模与节能优化架构　34
2.1　混合动力车队纵向动力学模型 ····························· 34
2.2　混合动力系统模型搭建 ····································· 35
2.3　混合动力车队能耗分析与节能优化架构 ················ 45
2.4　本章小结 ·· 50
本章参考文献 ·· 50

第 3 章　融合电池长期规划的混合动力汽车能量管理方法研究 ··· 52
3.1　混合动力汽车能量管理数学建模 ························· 53
3.2　能量管理的稀疏奖励问题分析 ···························· 56
3.3　基于贝叶斯估计的优势函数构建 ························· 57
3.4　参数化能量管理策略梯度优化方法 ······················ 59
3.5　试验验证与结果分析 ··· 68
3.6　本章小结 ·· 82
本章参考文献 ·· 82

第 4 章　网联混合动力汽车能量管理的安全强化学习训练研究 ··· 85
4.1　混合动力汽车能量管理策略参数更新架构 ············· 86
4.2　基于拉格朗日松弛的深度强化学习能量管理策略 ···· 88
4.3　试验验证与结果分析 ··· 97
4.4　本章小结 ·· 110
本章参考文献 ·· 111

第 5 章　网联混合动力汽车节能驾驶控制方法研究 …………… 112
　　5.1　混合动力汽车节能驾驶数学建模 ………………………… 113
　　5.2　混合动力汽车节能驾驶控制架构 ………………………… 116
　　5.3　基于分层强化学习的节能驾驶策略 ……………………… 123
　　5.4　试验验证与结果分析 ……………………………………… 130
　　5.5　本章小结 …………………………………………………… 141
　　本章参考文献 …………………………………………………… 142

第 6 章　网联混合动力车队协同自适应巡航节能优化控制研究 … 143
　　6.1　混合动力车队节能优化控制数学建模 …………………… 144
　　6.2　集中式训练分布式控制的多车协同架构 ………………… 146
　　6.3　基于多智能体强化学习的车队协同节能优化控制策略 … 148
　　6.4　试验验证与结果分析 ……………………………………… 159
　　6.5　本章小结 …………………………………………………… 169
　　本章参考文献 …………………………………………………… 170

附录 ………………………………………………………………… 172

第 1 章 绪 论

1.1 研究背景与意义

交通运输是有害气体排放与化石能源消耗的主要原因之一,特别是传统内燃机(internal combustion engine,ICE)汽车严重影响了空气质量和气候变化,并对社会可持续发展产生了负面影响。为实现全球温室气体减排目标,需要更大规模、更深层次、更宽领域的交通生态化改革。新能源汽车作为实现交通绿色发展的重要途径,是未来载运工具的主流发展趋势,根据中国汽车工程学会发布的《节能与新能源汽车技术路线图2.0》可知,我国新能源汽车市场占有率预计于2035年超过50%。国务院办公厅印发《新能源汽车产业发展规划(2021—2035年)》,提出:"发展新能源汽车是我国从汽车大国迈向汽车强国的必由之路,是应对气候变化、推动绿色发展的战略举措。"

新能源汽车包括混合动力汽车(hybrid electric vehicle,HEV)、插电式混合动力汽车(plug-in hybrid electric vehicle,PHEV)和纯电动汽车(battery electric vehicle,BEV)。虽然新能源在全球的普及率也在上升,但是目前还没有一个国家完成从传统内燃机汽车到完全零排放汽车的转变。电动汽车(electric vehicle,EV)被广泛认为是一种最具前景的节能减排解决方案,是未来低碳出行的主流方向。EV搭载一个或多个驱动电机并由插电式动力电池组提供能源,因其较高的能源转化率,即使在考虑电能生成源头的前提下,相较于燃油发动机驱动的汽车其在节能减排上仍具有明显优势。然而,当前的电池技术发展仍未成熟,其中电池成本高、续驶里程短、充电时间长且容易衰退的特点带来了里程焦虑、回收处理等问题,很大程度上制约了EV的全面应用。在这一技术背景下,HEV与PHEV作为EV的代替方案虽然无法完全实现零排放,但是其对动力电池的依赖较小促进了其广泛的现实应用。因此HEV与PHEV成了当前缓解汽车保有量增长与可持续发展矛盾的重要手段，也是平衡日益增长的生态环境需求与日益严格的减排法规要求的有效技术方案。

另一方面，随着自动驾驶汽车(autonomous vehicle, AV)技术的发展，交通系统的生态化技术手段更加丰富。其中，网联自动驾驶汽车(connected autonomous vehicle, CAV)也称智能网联汽车(intelligent connected vehicle, ICV)，是一项新兴技术，得益于其先进的通信和传感能力、较高的通行效率及低碳驾驶模式，很大程度上引领当前智能交通与载运工具发展趋势(特别是在利用智能化、网联化技术实现节能减排是研究热点的当下)。通常情况下，CAV是搭载于电控系统的，即为互联自动电动汽车(connected autonomous electric vehicle, CAEV)，其将是可持续低碳交通革命的重要组成部分。CAEV具有自动驾驶、电动动力系统、互联互通和共享移动性四大驱动因素，可以为低碳未来的转型提供有力的支持。因此，CAEV可以大幅减少交通运输中的温室气体排放，是交通运输快速转型的前沿技术。我国在政策上也对智能网联汽车发展高度重视，2020年由国家发展改革委等11部委联合发布的《智能汽车创新发展战略》强调了以智能汽车为主的产业发展战略方向，并提出了智能汽车与智能交通的协同发展。2020年中共中央政治局会议提出《新基建》、两会《政府工作报告》提出"两新一重"、党的十九届五中全会通过的《中共中央关于制定国民经济和社会发展第十四个五年规划和二〇三五年远景目标的建议》等均对智能网联汽车行业发展及自动驾驶的推进进行了非常有针对性的指导。

可见，智能化、网联化及生态化已成为我国汽车和交通行业的发展共识，也是生态文明建设中的重要方向。然而，智能化、网联化、生态化如何有机结合，即如何通过人工智能技术手段结合车－车、车－路实时通信从而实现新能源汽车深层节能减排，是"三化"改革的交点，亦是涉及多学科交叉的技术难点。

此外，车队行驶模式是一种高效的多车成组方式，从交通通行效率来看，车队内部可以保持较小的车距进而提升道路的承载能力；从车辆能耗来看，队列行驶过程中降低了跟驰车辆的风阻，进而减少了能源消耗。根据欧洲环境安全道路列车(Safe Road Trains for Environment, SARTE)项目研究结果可知，基于车队的行驶模式平均可以减少20%的二氧化碳排放；美国智能交通系统(intelligent transport system, ITS)能源项目证明三辆车成组的队列平均可以减少9%~16%的燃油消耗。但是，车队协同控制具有多智能体异质性、模型复杂性及环境状态不确定性的难点,特别是以 HEV 成组的车队,若考虑每一辆车动力系统中动力元件的工作状态,其控制问题会更加复杂。然而,智能网联技术打破了车队各车的信息壁垒,将驾驶行为与动力系统内部控制组成系统性架构,并结合智能控制技术充分挖掘能耗优化潜能,从而为网联混合动力车队多车协同深层节能优化控制实现提供可能。

1.2 网联混合动力车队节能优化控制研究现状

网联混合动力车队的节能优化控制是在满足车队驾驶安全与系统约束的前提下,寻求以最小能耗实现特定行程驾驶任务的控制策略。网联混合动力车队行程能耗受到能量分配方式、个体驾驶行为及群体协作模式的影响,因此现有节能优化控制从微观到宏观可以划分为能量管理、节能驾驶、队列控制三层级,其中三层级策略与本书紧密相关部分的研究现状重点分析如下。

1.2.1 混合动力汽车能量管理策略研究现状

混合动力汽车能量管理是通过控制动力系统中发动机与电机工作状态实现油－电适应性能源分配,进而充分发挥不同驱动方式的优势。

1. 能量管理策略的节能优化

其节能优化主要体现在以下几个方面:

(1) 根据不同动力源在高效工作区间的差异,通过分配驱动部件(如发动机和驱动电机)的转矩－转速,提升各个部件工作点的能源转化效率。如图 1.1 所示,HEV/PHEV 可以通过能量管理系统,利用驱动电机提供部分转矩,从而使发动机工作点由 A 转向 B,进而使得发动机工作在高效经济区域。相较于只有单一动力源的 ICE,能量管理使 HEV/PHEV 的工作点与驾驶工况解耦,利用其更高的控制自由度提升工作效率。

(2) 在 HEV 制动过程中,利用电动机将动能转化为电能,并将回收能量存储在动力电池中。相较于传统液压制动方式,动能通过制动盘摩擦以热能形式散失,能量管理可以实现制动能量回收。

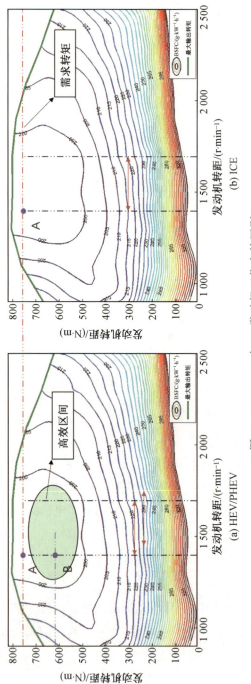

图1.1 HEV/PHEV与ICE发动机工作点的区别

（3）能量管理系统可以实现电池荷电状态（state-of-charge，SOC）长期规划。一方面，其相较于 EV 延长了续驶里程，避免了里程焦虑；另一方面，发电机还提供需求功率外的额外能源给电池充电，从而增加混动工作时间。

2. 能量管理策略的分类

综上，能量管理控制策略涉及化学能、热能、电能及动能的能量转化，因此能量管理策略在优化目标、控制变量形式及约束条件上都存在差异。但是，从控制策略来看，现有的能量管理策略可以大概分为四类，包括：基于规则式的控制方法、基于全局优化的控制方法、基于瞬时优化的控制方法，以及基于人工智能的控制方法。下面将对这四类能量管理策略的原理、特点及现有研究进展进行概括与归纳总结。

（1）基于规则式的控制方法。

基于规则式的控制方法通过专家知识与工程经验来设定规则，根据动力系统的状态确定工作模式，进而实现能量分配。现有基于规则式的控制方法包括两大类：基于确定规则的能量管理策略与基于模糊逻辑（fuzzy control，FC）的能量管理策略。

基于确定规则的能量管理策略大多是根据发动机的万有特性图中静态工作效率划分发动机的高效工作区域，并结合电池状态设定 HEV 的工作模式，通常包含纯电动模式、纯发动机驱动模式、再生制动模式、电量消耗模式及电量稳持模式等。此外，也有部分研究人员提出无须发动机效率先验知识的自适应规则策略，以便实现多车型快速迁移。当前最广泛使用的基于确定规则的能量管理策略是基于电量消耗－电量稳持模式的控制策略（charge depleting－charge sustaining，CD－CS）。其中，CS 模式与 CD 模式根据预设动力电池 SOC 阈值进行划分，如果 SOC 下降到设定阈值以下，则 HEV 进入 CS 模式，通过发动机在部分工况下的额外功率输出对电池充电，以保证电池 SOC 维持在合理的范围内；否则为 CD 模式，尽量采用纯电模式驱动。CD－CS 简单易用且计算负荷较小，是当前混合动力车载控制器最常用的控制策略。但是 CD－CS 存在很多缺陷，众多相关文献从不同角度对该问题进行了论述。车辆进入 CS 模式意味着能量管理策略对长期规划的优化不足，因为 CS 模式馈电行驶中发动机工作区调优能力受限。Sun 等人[1]对比 CD－CS 与全局最优方法，当行驶里程超过纯电续驶里程时，CS 模式在前期无法意识到未来 SOC 不足的风险，因此会过度消耗电量，结果导致 CD-CS 相较于实现目标 SOC 轨迹能耗增加了 22.17%。针对 CD 模式，Zhang 等人[2]提出混合动力车在 CD 模式额外产生了 9% 的燃油消耗。针对这一问题，基于混合模式的规则控制策略(blended mode，BM)被提出，其在传统单一判断阈值 SOC 之外考虑了行程距离及功率需求等。但是，BM 依赖于附加工况信息，当附加信息缺失(如未来行程距离未知)时，BM 的燃油经济性甚至弱于 CD-CS，这也制约了 BM 的实际应用。近些年，研究人员采用结合优化算法来更新规则式控制策略参数，Peng 等人[3]结合动态规划算法优化串联式控制策略的参数，通过离线优化标定在线控制策略参数实现近似最优的能量管理。然而，该方法的本质是对优化控制方法通过规则式策略近似，虽然满足了实时控制需求，但是仍无法避免规则式策略工况适应性差的缺陷。

基于模糊逻辑的能量管理策略相较于基于确定规则的能量管理策略更加抽象，它通过将预先设定的规则映射到隶属函数上来适应能量管理非线性时变性的特点，通过将需求功率、运动状态、SOC 等模糊化来应对实际工况不确定性问题，从而保证了其更强的鲁棒性与适应性。例如，将电池 SOC 与发动机转矩作为模糊控制指标进行模糊控制，从而保证发动机工作在高效区。类似于确定规则，当前基于模糊逻辑的能量管理策略发展同样趋向于将模糊逻辑与优化手段相结合，从而提升模糊逻辑的性能并保证较低的计算负荷，如与等效油耗最小结合的模糊逻辑策略、与动态规划结合的模糊逻辑策略、与粒子群算法结合的模糊逻辑策略、与进化算法结合的模糊逻辑策略、与遗传算法结合的模糊逻辑策略及与神经网络算法结合的模糊逻辑策略。因此，基于模糊逻辑的能量管理策略相较于基于确定规则的模糊管理策略具有鲁棒性较强的优势，而且可以通过与其他优化方法相结合的方式提升控制优化水平，但是其最优性仍无法保证。

(2) 基于全局优化的控制方法。

基于全局优化的控制方法是通过数值求解或解析优化的算法，在约束边界范围内对特定工况下的最小化能量管理定义代价函数的过程。现有主流控制方法有三类：基于动态规划的能量管理策略(dynamic programming，DP)、基于庞特里亚金最小值原理的能量管理策略(Pontryagin's minimum principle，PMP)，以及基于遗传算法的能量管理策略(genetic algorithm，GA)。

基于动态规划的能量管理策略建立在马尔可夫决策过程(Markov decision process，MDP)之上。Brahma 等人[4]首次将 DP 应用于 HEV 的能量管理问题，其燃油经济性的水平受到了广泛认可。其将混合动力能量管理构建为离散时间序列下的状态转移过程,其中每一个离散步长 t 下,控制变量 μ_t 影响下状态由 s_t 转移到 s_{t+1},其最终的代价函数 J 如下:

$$J = \sum_{t=0}^{N-1} g_t(s_t, L_t, w_t) + g_N(s_N) \tag{1.1}$$

因此动态规划通过将长期序列的优化控制问题拆解成多个子问题,从而简化了求解问题,并在一定程度上减少了计算负荷。但是,DP 难以应用于实际控制问题,因为其计算负荷随着状态与控制变量的增加呈几何倍数形式增长,这一现象被称为"维数灾难"。此外,DP 在求解中要求未来全部工况信息是已知的,这一机制使得 DP 无法应用于实车能量管理控制器,因为实际的驾驶工况是部分可知、复杂多变且受到环境扰动影响的。但是,DP 理论可证的全局最优性使得其广泛应用于已知整体工况速度轨迹的离线寻优;并且,作为控制效果验证的基准,当前研究广泛将动态规划求解的结果作为全局最优来对比验证算法的最优性。同时,部分研究也将 DP 离线优化的控制序列作为规则式设计和机器学习方法的训练数据。

基于庞特里亚金最小值原理的能量管理策略是基于苏联学者庞特里亚金(Pontryagin)提出的庞特里亚金最小值原理,在传统的变分方法上进行改进,以解决受约束的控制变量和目标函数泛函极值求解问题。基于 PMP 的能量管理策略通过哈密顿方程建立 HEV/PHEV 的能量管理协状态方程:

$$H(s_t, u_t, \lambda) = g_t(s_t, u_t) + \lambda^T f_k(s_t, u_t) \tag{1.2}$$

式中,协状态方程表示为 $\lambda(t) = -\nabla_s H(s_t, u_t, w_t, \lambda)$。

PMP 原理依赖于最佳控制对应的哈密顿量是其控制变量空间的极小值,即 $H(s_t^*, u_t^*, \lambda) < H(s_t^*, u_t, \lambda)$。PMP 相较于 DP 极大地减小了计算负荷,为实时能量管理控制提供了可能。Yuan 等人[5]提出了基于 PMP 的能量管理策略,与 DP 相比百公里能耗仅增加了 0.4%,但其计算时间减少了 77%。Tang 等人[6]通过电池功率与 SOC 的关系建立了拉格朗日乘子,并推导了哈密顿方程,最终提出的 PMP 达到接近 99.3% 的 DP 节能优化效果。但是,PMP 中的协状态矩阵需要通过迭代的方式优化,其对工况的敏感性较高,无法用于复杂多变的实际驾驶工况。

基于遗传算法的能量管理策略是受到自然选择基因进化启发的一种随机方

法,属于进化算法的特殊变体。它包括选择运算、交叉运算和突变运算三个阶段,这些阶段都涉及随机性,从而保证了群体的多样性。在每一次迭代中,控制策略都被编码在模拟的"染色体"中,并根据适应性函数(fitness function)选择最佳候选控制策略,将其作为下一组进化选择的初始值,其中适应性函数可以表示为

$$F(x) = \frac{1}{J(x)} + \sum_{i=1}^{n} \alpha_i P_i(x) \tag{1.3}$$

式中,$J(x)$和$P_i(x)$分别为目标函数与惩罚函数。

在进化算法优化过程中最小化适应性函数$F(x)$,进而最大化目标函数,同时减少违反约束的惩罚项。此外,它只保留当前状态和最后一次进化群体,因而内存资源需求较低,可以同时兼容线性和非线性、连续和不连续时间等各类模型。Chen等人[7]建立二项式模型并利用GA对功率分流PHEV的发动机功率进行优化。Zhang等人[8]提出变域方法,在模型中引入不等式变化从而实现基于GA的能量管理控制综合性能优化。与其他优化策略相比,遗传算法的突出优势是能够在不同智能体之间进行并行优化,这对计算多目标问题、求解帕累托解集具有显著优势。Bashash等人[9]对PHEV的能量成本和电池健康两个冲突目标进行了优化。Boehme等人[10]应用GA提出了双层优化策略,针对不同主观驾驶目标优化动力系统参数与控制策略,实现个性化构型与控制策略优化。但同时,与DP、PMP类似,GA对特定工况进行优化难以适应复杂多变的实际驾驶工况;此外,其计算负荷与控制精度相互制约,这也限制了其实际应用。

(3) 基于瞬时优化的控制方法。

基于瞬时优化的控制方法是全局优化算法在实时能量管理策略的折中方案,其本质都是保证当前或未来部分时间的能耗或燃油消耗率最小,从而不依赖于全部驾驶工况信息,相较于全局优化方法在鲁棒性及计算负荷上都有明显优势,适用于实车的能量管理在线控制。目前主流控制方法有两类:基于模型预测的能量管理策略(model predictive control,MPC)与基于等效油耗最小的能量管理策略(equivalent consumption minimization strategy,ECMS)。

基于模型预测的能量管理策略根据滚动预测窗口将全局优化问题转化为局部预测区域内的优化问题。其主要包括四个运算步骤:① 根据历史记录数据和系统模型,对长度为N的时域范围进行预测;② 根据之前的预测,对从t到$t+N$

的控制策略进行优化;③ 应用当前时刻 t 计算的控制策略输出的控制变量,舍弃剩余的控制策略;④ 在 t 时刻用实际测量值更新,返回步骤 ①。由于 MPC 迭代计算,该策略(特别是步骤 ②)可以兼容各类全局优化方法(如 DP,PMP 等)。MPC 的优化性能依赖于模型质量、采样步长、预测水平与滚动预测时间长度。滚动预测时间长度必须根据所使用的控制策略、计算负荷、模型精度与外部条件进行调整。MPC 还可以与全球定位系统(GPS)信息相结合,通过过去、现在和未来的驾驶情况来改善预测结果。He 等人[11]结合 V2V 与 V2I 信息优化了基于 MPC 能量管理的控制架构。Cairano 等人[12]提出了一种基于随机模型学习预测控制(SMPCL)策略,融合驾驶员行为提升能量管理效果。然而,考虑到实际工况的不确定性,MPC 的超参数与预测模型应实现对工况的在线适应策略。但是对于局部优化无法考虑到当前控制对远期的影响,例如,PHEV 前期过度放电导致远期电量不足,陷入类似 CD-CS 中局部最优的情况。常用的解决方案是利用离线计算全局最优参考 SOC 轨迹提供整体的电量消耗趋势,控制方法在参考 SOC 轨迹附近的一定范围内波动,从而避免前期过度放电并简化预测模型,利用 DP 离线计算典型工况下的参考 SOC,在 MPC 方法中提供 SOC 约束。例如,Li 等人[13]改进了基于 MPC 的能量管理策略,解决了 SOC 随电池约束在参考轨迹附近波动的问题。任何一种参考 SOC 都不是最优状态转移序列,甚至可能对能量管理有害。因此,通过线性 SOC 转换约束来跟随参考 SOC 以简化能量管理控制过程并不是一种理想的解决方案。

基于等效油耗最小的能量管理策略最早是由 Paganelli 等人[14]针对混动并联系统的燃油消耗优化提出的,它核心思想是计算等效燃料系数,包括实际消耗的燃料、为电池充电消耗的燃料和利用再生制动回收能量节省的燃料。等效燃料系数允许将燃料和电力消耗统一为一个目标,当从发动机充电模式开始时电池中积累的电量也被计算在目标函数中,其通式可表示为

$$J^* = \min_{u_t \in V_t(x_t)} \left(\sum_{t=1}^{N} \left(m_f(u_t) + \eta_t \frac{p_{\text{batt}}(u_t)}{Q_{\text{batt}}} \right) \right) \quad (1.4)$$

式中,m_f 为发动机的燃油消耗;p_{batt},Q_{batt} 分别表示电池的功率及电池容量;η_t 为等效燃油消耗因子。

ECMS 最早被用于 CD-CS 中的 CS 模式,引入等效燃油消耗因子从而避免前期过度放电。Sciarretta 等人[15]将 ECMS 应用于能量管理实时优化,分别对充

电与放电两个阶段设置了不同的等效燃油消耗因子,相较于纯发动机驱动油耗降低了30%。Musardo等人[16]针对PHEV分别将ECMS和规则式CD-CS与BM模式相结合,达到了接近DP的节能水平,同时保证了其可应用于在线控制的实时性。当前最流行的ECMS算法是与PMP相结合形成局部最优算法,通过将PMP与ECMS结合综合考虑电池SOC与健康状态(state of health,SOH),进而在提升节能水平的同时避免过度放电导致电池老化。但是,ECMS的等效燃油消耗因子对工况的依赖程度较大,往往需要针对特定工况进行调参,难以适应实际驾驶工况复杂多变的特点。如可以通过自适应ECMS实现等效燃油消耗因子适应调参,根据行程信息与在线预测自动修改参数,但是这类方法没有从根本上解决ECMS工况适应性差的问题。类似MPC中参考SOC轨迹方法,部分学者也引入离线SOC轨迹为ECMS提供整体规划边界。Yu等人[17]通过离线DP将驾驶工况划分为不同模式,计算参考SOC剖面,然后采用PI控制器根据参考SOC轨迹调整协状态值,但由于难以通过参考SOC轨迹适应所有实际驾驶状态,因此制约了ECMS的实际工况适应性。

(4) 基于人工智能的控制方法。

基于人工智能的控制方法是引入机器学习算法,通过数据驱动的方式从专家经验或控制策略与环境交互数据中自学习,进而优化控制策略的模型参数逼近全局最优。基于人工智能的控制方法保证了理论上逼近全局最优的可能性,而其强大自学习能力避免了依赖专家经验的调参,并提供了更强的自适应性与泛化能力,同时其离线训练将控制计算负荷从控制器中解放,从而保证了实时控制的可行性,是当前的研究热点。现有主流控制方法有两类:基于监督学习的能量管理策略(supervised learning,SL)与基于强化学习的能量管理策略(reinforcement learning,RL)。

① 基于监督学习的能量管理策略。基于监督学习的能量管理策略是从标记的训练数据中学习能量管理任务,这类方法将能量管理看作一种环境状态到控制变量的非线性映射函数$u_t = f(s_t)$,其利用参数化的方式将能量管理策略表征为关于参数的条件函数$u_t = f(s_t \mid W)$,通过更新参数逼近最优控制策略。其中,考虑到能量管理问题的强非线性,基于神经网络(neural networks,NNs)的能量管理策略是应用最广泛的监督学习方法。NNs是在生物学的启发下进行模拟神经元活动的运算系统,其系统通常包含多层网络结构,每层包含多个神经

元,每个神经元通过树突接收来自其他神经元的信号,根据输入特性产生一个输出信号,然后发送给其他神经元。在NNs训练过程中,每个神经元以减小当前网络输出 u_t 与训练样本中 u_t^* 最小二乘为目标,根据后向传播算法(back-propagation,BP)更新神经元的权重与偏置可表示为

$$w_{i,j} = w_{i,j} - \alpha \frac{\partial}{\partial w_{i,j}} \| u_t - u_t^* \|^2 \tag{1.5}$$

式中,$w_{i,j}$ 表示第 i 层第 j 个神经元的权重;α 为学习率;通过批次更新(batch training),$\| u_t - u_t^* \|^2$ 可扩展为多个训练样本的加权和。

神经网络层数和神经元的数量使算法超参数可以根据能量管理策略复杂性、混合动力车辆模型的非线性变化。但是,NNs训练数据样本难以获得,而且训练样本的质量难以保证,因此策略网络训练往往需要大量的数据支撑。然而,连续空间下全局最优能量管理策略用现有的算法都无法求解,即使是通过离散空间的全局最优能量管理策略 DP 结果获取数据也极为低效。类似的,Liu 等人[18]提出遗传算法(genetic algorithm,GA)与神经网络相结合,通过GA产生离线数据利用有监督学习训练实现电池与发动机之间的功率分配控制。然而,对于能量管理将长期收益作为目标的问题,无法针对某种特定车辆状态定向获取数据,使得数据获取效率更低。此外,NNs 能量管理策略中的权重初始值是随机初始化的,初始化值也会影响模型收敛结果,还存在过拟合(overfitting)风险、难以保证未知驾驶工况的泛化能力等问题。

② 基于强化学习的能量管理策略。基于强化学习的能量管理策略是通过能量管理策略作为智能体(agent)与混合动力车构成的环境(environment)交互,并根据环境的反馈更新智能体的策略,如图 1.2 所示。与 DP 相同,RL 也基于 MDP,其标准框架包含状态 s、动作 a、奖励 r,控制策略表示为状态到动作非线性映射函数 $\pi(a|s)$。区别于 DP,RL 利用值函数或策略迭代的方式逼近全局最优。以 Q 学习(Q-learning)为例,其使用值函数 $Q(s,a)$ 来表示当前状态累计奖励,即

$$Q_\pi(s,a) = E_\pi \left[\sum_{k=0}^{\infty} \gamma^k r_{t+k+1} \mid s_t = s, a_t = a \right] \tag{1.6}$$

式中,γ 为折扣因子,用于削弱远期奖励在累计奖励加权中的影响,$0 \leqslant \gamma \leqslant 1$,因而最优控制策略即为当前状态下最大化值函数对应的动作 $\pi^*(a|s) =$

$\mathop{\arg\max}\limits_{a} Q(s,a)$。

值函数可以根据贝尔曼方程迭代更新：

$$Q(s,a) := Q(s,a) + \alpha(r + \gamma \max_{a'} Q(s',a') - Q(s,a)) \qquad (1.7)$$

式中，s',a' 表示下一个状态与动作，随着迭代值函数逐渐收敛，最终控制策略也逼近最优控制策略。

相较于 DP，RL 避免了对全局工况的依赖，但保留了逼近全局最优的可能性，同时训练后的策略可以直接应用于在线控制，因而近些年受到能量管理研究人员的广泛关注。Fang 等人引入 TD(λ)－learning 算法，根据收集到的历史驾驶数据进行训练和学习最优值函数。混合动力公交测试结果表明：基于 RL 的控制具有提高燃油经济性和减少排放的优势。Liu 等人[19] 提出了一种基于 Q－learning 的混合动力履带车辆自适应能量管理方法，并验证了该方法的适应性、优化性和学习能力。Qi 等人[20] 利用 Q－learning 算法优化电池充放电策略维持电池荷电状态，试验验证所提出的方法可以兼顾最优性和实时性，然而在部分情况下会陷入局部最优情况。此外，还延伸出了一些 RL 变体，例如，在 RL 基础上结合神经元动态规划构建了一个自学习系统将燃油消耗降至最低，并实时预测发动机排放瞬态颗粒和氮氧化物；还可以结合网联 HEV 新技术标准，提出一种定期训练强化学习能量管理框架，利用云端实现离线能量管理策略优化。Yang 等人[21] 提出了一种基于 queue－Dyna 强化学习算法的能量管理策略，与目前广泛使用的 Q－learning 算法相比，该算法在保证控制性能的同时大大减少了在线学习时间。然而相较于在线学习时间，能量管理策略更关注在线控制器计算负荷。将强化学习方法应用于 PHEV 的电源管理策略试验结果显示，RL 方法存在维数灾难问题，这导致了对中央处理器(CPU)、内存和运行时间需求的急剧增加。其主要原因是传统 RL 需要对状态、动作离散化，这一过程导致了离散化误差与维数灾难。基于强化学习的混合动力汽车能量管理架构如图 1.2 所示。

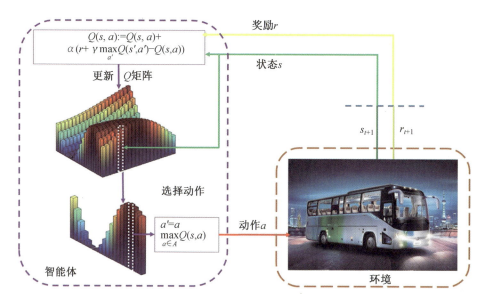

图 1.2 基于强化学习的混合动力汽车能量管理架构

然而,随着深度强化学习(deep reinforcement learning,DRL)在围棋、电子游戏等领域取得突破性进展,DRL成为彻底避免离散化并直接解决连续空间能量管理策略寻优问题的最具潜力的研究方向。Wu等人[22]提出基于深度Q网络(deep Q-network,DQN)来提高燃油经济性,实现了状态空间连续化。Han等人[23]引入双DQN模型(double DQN)来解决基于RL的能量管理策略的高估偏差问题,从而提高训练稳定性。此外,深度学习极强的高维表征与非线性映射能力使得基于DRL的能量管理利用更丰富的环境信息成为可能。例如,Li等人[24]提出基于深度确定性策略梯度算法(deep determinstic policy gradient,DDPG)的深度强化学习能量管理策略,利用历史行程信息提高能量管理策略对不同行驶工况的适应性,避免了发动机频繁启停。Wang等人[25]结合机器视觉与深度强化学习,将车载摄像头采集的环境信息用于辅助能量管理策略训练,提升了能量管理策略在复杂驾驶环境的燃油经济性。Wu等人[26]结合交通路侧传感器获取的交通流参数,并考虑公交系统乘客刷卡信息估计车辆动态载荷变化,构建了针对交通信息运用的深度强化学习算法,提升了对多源高维状态的有效利用。

除了上述主流能量管理策略,还有一些学者研究上述方法的变体,如基于DP的随机动态规划(stochastic dynamic programming,SDP);还有一些其他优化方法,如粒子群算法(particle swarm optimization,PSO)、模拟退火

(simulated annealing，SA)、博弈论（game theory，GT）、凸优化（convex programming，CP）及滑模控制（sliding mode controller，SMC）等。这些方法都与同类型主流方法类似，具有显著的共性优、缺点，我们将其类别与优、缺点总结在表 1.1 中。

表 1.1　各类型能量管理策略对比表

类别	共性优点	共性缺点	方法	特性优点
规则	算法简单，计算负荷小，便于实车控制应用	无法保证最优控制，依赖专家经验调参	RB	实车控制器的最常用方法
			FC	鲁棒性与适应性较强
全局优化	能够全局优化与理论可证的最优性	需要完整工况信息或工况敏感度较高	DP	可作为最优验证基准
			SDP	可以在一定程度上适应工况变化
			PMP	计算负荷较少，但协状态矩阵依赖工况
			GA	无法确保最优性，但可以用于多目标寻优
			SA	一定程度上避免局部最优
			CP	计算负荷较小，但是需要对 HEV 模型进行简化
			GT	收敛于纳什均衡，最优性无法保证
瞬时优化	工况适应性较强，计算负荷较小，可用于实时控制	无法保证全局最优，全局规划依赖参考 SOC 轨迹	MPC	控制效果依赖预测效果
			ECMS	等效因子对工况敏感度较高
			SMC	鲁棒性较强，可在一定程度上适应工况变化，滑动面难以构造
人工智能	具有极强的自适应能力与泛化能力，将参数优化与实时控制分离，减少实时控制计算负荷	最优性依赖于收敛结果，可能出现过拟合线性，黑箱方法可解释能力差	SL	最优性依赖于训练数据质量，且最优数据难以获取
			RL	通过与环境交互实现自学习，可与深度学习融合实现去离散化，但是容易陷入局部最优，给训练过程及探索带来安全隐患

回顾混合动力车辆能量管理策略发展历史可以看出:各类控制方法的相继提出始终围绕着全局最优与在线应用两个主题。Torreglosa等人[27]对能量管理发展历程进行了总结,如图1.3所示,从图中可以窥见混合动力车辆能量管理研究进展是从最基础的规则式控制出发,为了探寻最优节能控制策略引入了全局优化方法,而全局优化方法受制于计算负荷与全局工况,只能局限于离线计算;进而为了促使全局优化方法应用于车辆控制器,逐步提出了各类局部优化方法,以牺牲一定优化上限为代价保证在线应用能力;再然后,为了突破局部优化算法的性能上限,最终走向基于强化学习的能量管理策略,逐步逼近混合动力车辆实时控制中全局最优的控制策略。近年来,深度强化学习彻底避免状态、动作空间

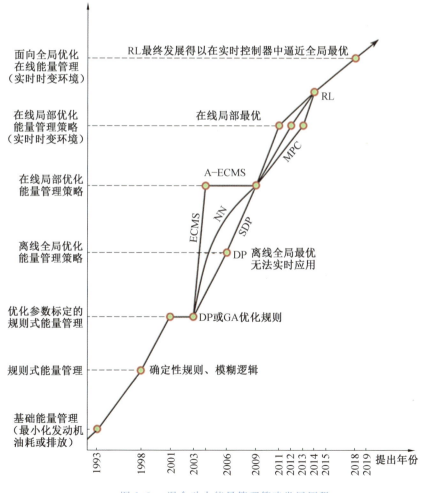

图1.3 混合动力能量管理策略发展历程

离散化,并利用深度神经网络高维非线性表征能力使在线全局最优策略实现成为可能。

1.2.2 混合动力汽车节能驾驶策略研究现状

节能驾驶是改变驾驶行为和车辆能量分配以提高燃油效率并减少现有车辆温室气体(green-house gas,GHG)排放的概念,具有减少燃油消耗和排放的巨大潜力。节能驾驶最早被提出时旨在保持均匀车速,减少车辆加减速的次数,消除过度空转。此外,一些学者将汽车保养措施也纳入了广义的节能驾驶当中,如保持最佳轮胎气压和定期更换空气过滤器等。但在本书中对节能驾驶只讨论速度规划与能量管理协同优化控制,即最小化给定行程内能量消耗的最优控制问题。

针对 HEV/PHEV 的节能驾驶包括两个层面的优化控制:一个是动力系统层面的控制,即为上述能量管理控制;另一个是车辆动力学层面的控制,在这类控制中通过优化车辆加速度来在运动状态实现节能优化,如自适应巡航控制、节能匝道汇入控制、路口协同控制方法等。在 HEV/PHEV 的节能驾驶过程中,车辆动力学与动力系统两个层面相互耦合,因而本书重点关注车辆动力学与动力系统两个层面联合优化的研究。由于在联合优化控制架构中车辆的速度没有硬性限制,发动机和电机的工作状态可以灵活调整,因此对充分发挥 HEV 的经济性能具有很大的潜力。当前联合优化控制方法主要架构于车辆高级驾驶员辅助系统(advanced driver assistant system,ADAS),将 ADAS 中的自适应巡航(adaptive cruise control,ACC)与能量管理系统(energy management system,EMS)相结合,形成一体化联合控制器 ACC-EMS。在实时控制过程中,ACC-EMS 根据前车运动状态自适应调节动力系统各动力元件的转速、转矩,进而实现自适应跟驰或定速巡航。当前的 ACC-EMS 包括串联式与一体式两种架构,其具体特征如图 1.4 所示。

串联式 ACC-EMS 保留了传统 ACC 与 EMS 的基本功能,在 ACC 优化中考虑能耗优化或引入 EMS 的反馈。冯冲等人[28]提出了一种规则式的混合动力客车自适应巡航策略,基于分层控制架构中上层控制器根据本车与前车状态选择定速巡航、距离保持与接近模式,进而得到期望加速度,下层控制器根据 SOC 与需求转矩选择动力系统驱动模式。该策略简单、计算负荷低,便于在车辆控制器

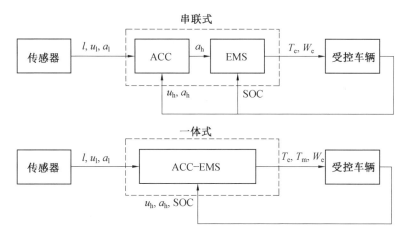

图 1.4　串联式与一体式 ACC－EMS 控制架构

上实际应用,但依赖专家经验进行调参且缺乏自适应学习能力。Li 等人[29]提出了基于强化学习的 HEV 生态自适应巡航与能量管理策略,其中自适应巡航控制实现保持安全距离与节能驾驶,同时能量管理控制变速器挡位及发动机与电机的能量分配从而实现油耗优化,通过分层控制架构结合自适应巡航控制与能量管理控制,最终实现跟驰距离安全性、驾驶舒适性及燃油经济性多目标优化。Xie 等人[30]提出了集成化的模型预测控制策略,解决了 HEV 在跟驰过程中自适应巡航控制与能量管理耦合问题,通过滑动时间窗口预测未来 SOC 曲线及前车车速曲线,提升驾驶安全性与燃油经济性,试验证明该方法与节能跟驰下的动态规划及规则式控制相比总体目标函数分别提升了 17.9% 与 36.9%。Xie 等人[31]针对网联混合动力汽车跟驰过程中车间距安全性、燃油经济性及电池健康多目标耦合,在速度规划层引入电池放电深度,从而避免充放电电流过大导致的电池加速老化,同时考虑了通信延迟及滚动预测步长对模型预测控制策略效果的影响。Zhou 等人[32]建立了面向控制的混合动力汽车线性离散模型,将 HEV 三自由度动力学模型和跟随模型相结合,在 HEV 混合动力特性分析和系统拓扑结构动力学建模的基础上设计了 HEV 混合动力系统的分层控制器。

一体式 ACC－EMS 完全合并了 ACC 与 EMS 功能,并且没有加速度控制作为中间控制变量,而是直接控制动力系统各部件的转速、转矩。Li 等人[33]针对智能混合动力汽车在跟驰场景下的控制问题,提出了深度融合协同自适应巡航与能量管理控制的智能混合动力汽车燃油消耗优化策略,分析并验证了将两个控制过程结合进而形成一个有更多约束、优化目标及系统状态的统一问题,比分层优化控制架构更能发挥混合动力的节能潜力。Sun 等人[34]针对混合动力汽车自适应巡航控制与能量管理控制的串联式与一体式架构进行理论分析,证明了一体式 ACC-EMS 比串联式 ACC-EMS 提升了约5%的燃油经济性,并提出了基于随机模型预测控制方法。He 等人[35]提出了基于帕累托多目标优化框架的协同自适应巡航与能量管理的协同优化算法,并验证了驾驶舒适性与节能目标具有优化的共性,而都与驾驶安全性在优化上具有背向性。该方法提出了考虑在不同尺度多目标平衡下的最优控制策略,通过敏感性分析得出车辆反应时间对于跟驰安全目标影响较大,而对燃油经济性影响较小。综上,相较于串联式 ACC-EMS,一体式 ACC-EMS 对于发挥 HEV/PHEV 的节能减排潜力有更大优势,但同时一体式 ACC-EMS 的控制优化问题更加复杂,当前方法难以满足实时控制需求。

1.2.3 混合动力车队队列协同控制研究现状

传感器和通信技术的发展促进了道路上的队列行驶模式发展,在车队中控制车辆以较小的车间距彼此跟随,从而减少空气阻力和能源消耗。协同自适应巡航控制(cooperative adaptive cruise control,CACC)系统利用互联车辆技术,基于相邻车辆之间共享的信息开发出更精确的车辆控制系统,使车辆能够以更近的距离行驶。随着联网车辆技术和必要基础设施的完善,城市道路上的车辆将普遍以车队方式行驶,以增加道路容量和驾驶舒适度,减少能源消耗。现有研究针对智能网联混合动力汽车队节能优化控制,主要为以自适应巡航控制为主的速度优化控制与以能量管理为主的动力系统能量分配两相结合的分层控制结构,其典型架构如图 1.5 所示。上层控制器在车辆动力学约束条件范围内优化整车加速度,从而降低燃油消耗、减少加减速次数,并保持车队内部安全一致的跟驰距离与行驶车速;下层控制器即为传统能量管理系统,分别针对每辆车动力系统内部功率分配进行优化。下层控制通过定期反馈燃油消耗效率给上层控制器,从而协助上层控制器规划最优目标车速。

国内外学者在混合动力车队系统结构与多目标、多约束的动力学特性分析的基础上,建立了表征智能网联混合动力车队行驶多过程耦合、强非线性和混杂特征的动力学模型,并提出基于模型预测控制的分层控制架构,通过试验证明该

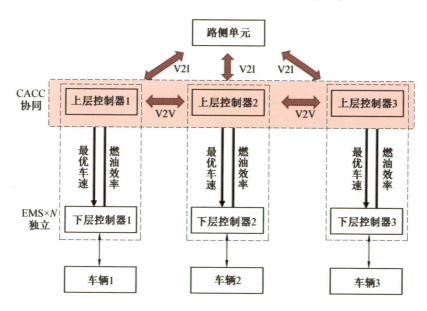

图 1.5　分层式网联混合动力车队节能优化控制架构

方法可以保证跟驰间距在一定偏差范围内,降低加速度变化率与电机抖振,从而提升燃油特性与经济性。Homchaudhuri 等人[36]提出了面向城市道路环境的混合动力车队的节能优化控制,基于分层控制架构从速度与能量分配两个层面提升燃油效率。在其分层架构中,上层控制器利用 V2I 获取的交通灯信息及 V2V 获取的周围车辆信息提供最优控制速度轨迹,下层控制器利用等效能量消耗最小策略优化动力系统能量分配。Hovgard 等人[37]针对丘陵地带混合动力车队行驶协同自适应巡航与能量管理的协同优化问题提出了分层控制架构,上层控制器通过凸优化控制旅行时间与能量消耗,下层控制器通过动态规划求解在上层输出为约束边界下的最优挡位选取与发动机工作状态。Qiu 等人[38]提出了带有反馈机制的网联混合动力车队双层控制架构,上层速度规划控制中的燃油消耗模型引入了下层能量管理控制器中反馈的燃油消耗效率信号。虽然下层效率只能以一个滑动窗口为周期进行反馈,无法真实反映当前速度控制对动力系统燃油效率的影响,但其对考虑速度规划与能量管理的任务耦合协同优化进行了探索。Ma 等人[39]建立了多智能体模型表征混合动力车队,并通过协同优化方法从车辆层面与动力系统层面协同优化能量效率。其中车辆直接协同速度规划与内部能量管理之间通过 V2V 通信实现同步优化求解,有效提高了节能效率,但是其方法基于动态规划,局限于离线计算,无法实际应用。He 等人[40]针对智能网联车辆与人类驾驶车辆混合的纯电动车队协同优化控制,将前车是否为智能网联车划分为两种模式,并验证了协同节能驾驶策略对提升智能网联混合车队的能源效率有效性。Ghasemi 等人[41]提出了网联混合动力车队速度规划与能量管理同步优化框架,利用柔性功率需求将下层的能量管理从固定的转速转矩机械耦合中解放,即下层能量管理实际控制后,动力系统输出功率在上层设定的范围内都满足动力要求,从而极大提升了能量效率优化空间。

从当前研究可以看出,尽管分层控制架构实现不同时间尺度的目标及不同粒度的控制变量分解,但分层独立优化无法适应整车层面与动力系统层面之间的耦合关系。另一方面,车队 CACC 的相关研究随着人工智能的发展进展较快,例如 Desjardins 等人[42]提出了基于强化学习的智能网联车队协同优化控制策略,根据受控车辆与前车的车头间距及车头间距的变化趋势设置分段式奖励函数,建立单隐层的神经网络来参数化控制策略,通过更新神经网络每个神经元的权重与偏置实现控制策略的优化。Gao 等人[43]针对专用公交车道中公交队列的协同优化控制策略进行研究,提出了基于强化学习的协同自适应巡航策略,通过数据驱动的方式避免了传统基于模型算法的维数灾难与模型依赖,并分析了闭环系统的稳定性及该方法的收敛性。然而,混合动力车队协同节能优化控制中仍采用传统瞬时优化控制方法。因此,如何利用车路协同环境构建多智能体网络控制,开发出满足实际驾驶需求的混合动力车队协同节能驾驶策略是本书的研究重点。此外,由于混合动力车队中各车动力总成和控制目标的相似性,其节能驾驶优化过程存在天然的共性。因此本书考虑如何利用多智能体共享数据训练与多任务迁移学习,挖掘车队各车节能优化策略中共享、共同的潜在规律,提升节能驾驶控制策略的鲁棒性与复杂环境适应性,同时降低开发成本。

1.3 研究现状总结与存在的问题

从上述研究现状分析不难看出:国内外针对 HEV/PHEV 能量管理策略的研究较为成熟,相关研究在提升能耗的同时考虑与其他目标协同,并将研究热点逐步转向以深度强化学习为代表的人工智能方法;HEV/PHEV 节能驾驶近年来成为交叉领域的研究重点,其中 ACC — EMS 联合优化是当前的技术瓶颈;HEV/PHEV 车队协同节能优化控制是随着智能网联技术发展兴起的新兴研究方向,目前研究还不充分,控制架构相对单一而且没有充分发挥 HEV/PHEV 车队的节能潜力。本书将主要存在的问题总结为如下三点:

(1) 混合动力车队队列协同节能优化在协同控制与知识共享等层面仍停留在单车节能驾驶感知信息、控制变量与优化目标的叠加,未能充分发挥车路协同的整体系统多智能体信息互联、统筹规划的优势,混合动力车队节能减排优化潜力未能完全释放。

新能源车队(特别是 HEV/PHEV 组成的混合动力车队)与单车节能优化的区别不仅在于新能源车队系统状态与控制变量的增加,还在于新能源车队需要考虑多智能体间的协同问题。现有的方法为限制计算复杂度,仅在速度规划层面对车队内部多智能体协同优化,而能量管理过程仍采用独立优化的方式,很大程度上限制了燃油效率的优化空间;且现有控制架构仍停留在瞬时优化控制方法,控制效果对预测工况与参考 SOC 轨迹的依赖程度高,从而限制现有框架对实际工况的适应性,而基于人工智能学习的多车协同节能优化智能控制架构尚未被提出。

(2) 现有 HEV/PHEV 节能驾驶架构及节能优化控制方法仍未满足实际应用需求,其中串联式 ACC-EMS 无法充分发挥速度规划与能量管理的优势,一体式 ACC-EMS 则难以满足节能驾驶中多层级的规划决策下实时控制需求。

由于 HEV/PHEV 动力系统中各动力源的效率与工况之间存在非线性关系,仅通过外部工况无法确定最优加速度,因此,串联式 ACC-EMS 方法忽略了二者之间的耦合关系,将耦合控制问题拆分为两个独立的环节,简化控制问题的同时限制了优化上限,仅能实现次优解决方案;而现有的一体式 ACC-EMS 方法需要在极大的搜索空间内求解控制变量,而且开始状态到目标状态的路径较长,从而带来了非常大的计算负荷,难以应用于车辆控制器。因此,现有节能驾驶架构全局优化能力与在线应用实时性尚未得到有效兼顾。

(3) 智能节能优化控制方法在训练过程中具有稀疏奖励、复杂约束及多维目标的特性,标准的深度强化学习算法无法解决问题,进而引发陷入局部最优、不安全训练过程及过度依赖奖励调参等问题,针对混合动力能量管理的深度强化学习策略尚未完善。下面分别介绍其特性:

① 稀疏奖励。由于在神经网络的反向传播采用梯度下降法,参数 θ 沿着它们相对于损失函数的偏导数 $\frac{\partial L(\theta)}{\partial \theta}$ 进行更新。混合动力车队远期行程下 SOC 短缺

引发的稀疏奖励问题极大地增加了损失函数的非凸性和逃离局部最优的难度。

② 复杂约束。基于 DRL 的能量管理通过与环境交互优化策略参数,为保证系统安全,需使用物理约束限制动作,替代动作产生的系统扰动 η 导致值函数过估计偏差,即使假设扰动 η 为无偏的白噪声,值函数过估计问题仍无法消除,进而导致策略陷入局部最优。

③ 多维目标。能量管理优化中既有奖励 $r(s,a)$,也有惩罚 $p(s,a)$,传统 RL 优化目标最大化总成本 $E_\pi \left[\sum_{i=1}^{N} \alpha r_i(s_t, a_t) - \sum_{j=1}^{N} \beta p_j(s_t, a_t) \right]$ 依赖奖励与惩罚权重平衡,难以适应复杂多变的现实驾驶工况。

1.4 研究的主要内容

本书的主要研究内容包括 5 部分(由于第 3 章、第 4 章内容相对近似,故此处合并叙述),全书组织结构与技术路线如图 1.6 所示。从各部分逻辑关系来看,第 2 章是研究基础,重在揭示网联混合动力车队纵向运动与能量管理控制的耦合机理,并构建多智能体的整体系统模型,其目的在于为后续研究控制方法提供基础;第 3 章、第 4 章针对动力系统层面的节能优化控制方法,分别研究考虑电池电量影响的稀疏奖励问题与非线性耦合约束下的安全训练问题,并分别提出融合电池荷电状态规划的自适应策略优化与基于拉格朗日松弛的深度强化学习方法;第 5 章研究整车层面的节能优化控制方法,在第 3 章、第 4 章动力系统能量管理的基础上深度融合纵向速度规划,实现整车层面的节能驾驶控制,充分发挥混合动力汽车节能减排优势;第 6 章为车队层面的节能优化控制,利用网联技术实现车队多车协同控制,结合第 5 章中的控制方法实现全过程深层节能优化,并通过共享参数训练提升策略优化鲁棒性。

1. 本书具体内容

(1) 网联混合动力车队建模与节能优化架构。

研究混合动力车队中汽车纵向运动学与动力系统内部元件之间的耦合关系,建立混合动力车队纵向运动模型,并分析混合动力汽车动力系统机械传动方式,建立混合动力系统动力传动模型及发动机、电池、电机等系统元件的准静态模型;从动力系统元件层级控制单元出发建立车队控制响应模型与能耗计算模型,描述混合动力车队行驶过程中运动与能量共态转移;进而根据控制模型与优化指标建立网联混合动力车队节能优化目标函数,从整体优化目标与控制层级级联关系出发,设计车队 — 整车 — 动力系统逐级嵌套的总体节能优化控制架构。该部分内容根据作者本人研究成果[44-48]整理而成。

(2) 融合电池长期规划的混合动力汽车能量管理方法研究。

针对混合动力汽车复合动力源全局最优能量分配问题,开展考虑整体行程的长期电池荷电状态规划的能量管理控制研究,分析混合动力汽车不同电池荷电状态下功率分流控制策略对燃油经济性的影响,针对驾驶工况超过纯电续驶里程下电池充放电规划需求,引入条件信息熵表征行程中发生动力电池电量短缺的风险系数,并结合贝叶斯神经网络的估计构建新型优势函数,引导能量管理控制策略参数实现稀疏奖励下的自适应策略优化,进而避免由于电池荷电状态较低的情况下混合动力汽车馈电行驶能量管理中二次能源转化带来的能量损失。该部分内容根据作者本人研究成果[49-51]整理则成。

(3) 网联混合动力汽车能量管理的安全强化学习训练研究。

针对混合动力汽车能量管理策略在线动态更新需求与系统性安全约束风险难以兼顾的问题,开展安全强化学习的能量管理策略在线优化研究,针对深度强化学习算法训练早期阶段对于随机探索的依赖,建立基于专家知识的辅助矫正策略,代替策略探索中产生的非可行解,避免训练过程产生额外能量消耗与对动力元件造成不可逆的损耗;同时,为了避免强化学习训练依赖辅助策略而陷入局部最优,提出结合拉格朗日松弛的值函数将约束问题转化为对偶问题求解,解决连续空间的深度强化学习在非线性约束边界训练优化问题,使得能量管理在线优化逼近全局最优。该部分内容根据作者本人研究成果[52-54]整理而成。

(4) 网联混合动力汽车节能驾驶控制方法研究。

针对混合动力汽车能量管理与速度规划控制协同优化问题中解空间高维连续、系统约束复杂、外部环境动态时变的难点,探究混合动力汽车节能驾驶、节能控制中自适应巡航与能量管理控制过程耦合性与多目标异质性,分析当前串联式与一体式控制架构的局限性,结合分层深度强化学习算法将混合动力节能驾驶划分为规划层与控制层,提出分层式的策略优化与非分层式的控制执行的节能驾驶策略控制及参数优化方法,在不破坏运动控制与能量分配控制过程内在耦合的前提下,降低了策略优化复杂度,为全局最优节能驾驶策略在线应用打下基础。该部分内容根据作者本人研究成果[55-59]整理而成。

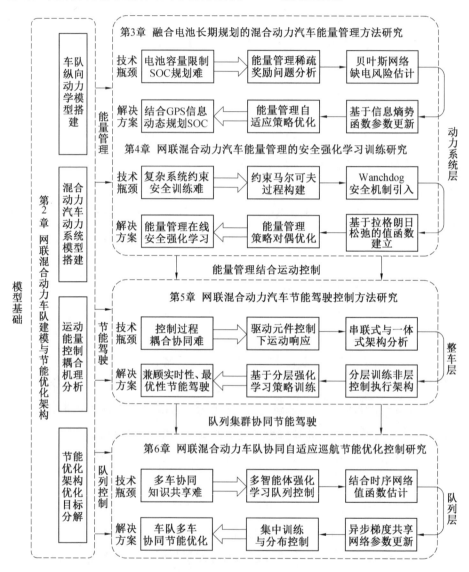

图 1.6 全书组织结构

(5) 网联混合动力车队协同自适应巡航节能优化控制研究。

分析队列行驶模式中混合动力汽车动力元件的工作状态对队列整体影响，将单车节能驾驶扩展为车队多车协同自适应巡航控制，探究多智能体系统中个体合作博弈及系统稳定性与一致性，提出了基于多智能强化学习的集中式训练分布式控制框架，结合时序网络估计混合动力车队联合控制动作的值函数，引导车队车辆相互配合优化驾驶行为与动力系统工作效率,同时利用车队各车节能驾驶策略中共享、共通的潜在规律,通过共享梯度实现加速训练的同时提升控制策略的鲁棒性与复杂环境适应性。该部分内容根据作者本人研究成果[60-64]整理而成。

2. 本书特点

本书根据作者多年研究成果整理汇总而成,以某功率分流式混合动力车组成的网联车队为典型应用对象,按照理论分析、仿真建模、试验验证的研究思路,从动力系统、整车、车队三层级节能优化入手,针对电池容量限制规划、复杂系统约束安全训练、控制过程耦合运动能量协同、多车协同知识共享4个难点,利用人工智能优化控制方法,发挥网联车队信息互联优势,充分挖掘节能减排潜力。

(1) 针对混合动力汽车有限电池容量下电池－燃油全局能量分配的难题,提出了基于数据驱动的SOC短缺风险估计方法,避免了传统参考SOC轨迹方法在实践驾驶工况适应性差的缺陷,构建了信息熵势函数,将电池SOC规划嵌入基于深度强化学习的能量管理策略,解决了纯电续驶里程外的远期稀疏奖励导致无模型强化学习训练陷入局部最小值的问题,实现了考虑SOC远期规划的自适应能量管理策略参数优化,避免了长距离行程下的里程焦虑问题。

(2) 针对混合动力汽车动力系统构型约束复杂导致的在线优化安全风险高、泛化能力弱的难题,构建了拉格朗日值函数将约束马尔可夫决策问题转换为无约束对偶问题,避免了深度强化学习训练阶段随机探索导致的系统性风险,提升了优化收敛稳定性与训练安全性;同时利用车联网与云计算将参数优化与实时控制解耦,实现了能量管理在线参数优化,攻克了标准工况离线参数匹配与现实复杂场景差异导致的泛化能力差的难题。

(3) 针对混合动力汽车节能驾驶中运动控制与能量管理控制过程耦合下的跨域联合优化难题,构建了基于分层强化学习的ACC－EMS一体化控制架构,区别于传统串联控制将其控制对象解耦为ACC和EMS,将混合动力汽车节能驾驶中转矩转速控制任务分解为宏观规划和微观控制,克服了ACC与EMS协同控制问题约束复杂和多时间尺度优化的难点,突破了当前一体化控制架构状态－动作高维空间下维数灾难所导致的优化复杂度高、无法在线应用的技术瓶颈。

(4) 针对网联混合动力车队策略复杂度与通信质量制约下多车协同控制节能优化的难题,构建了集中式训练分布式控制的车队节能优化控制架构,保证多智能体系统优化目标无偏，同时实现去中心化的分布控制，提出了结合长短时记忆网络的多智能体联合动作值函数估计方法，引导车队在速度规划与能量管理两层面多车协同下的策略优化；此外，利用车队各车节能驾驶中共性的潜在规律，建立多车能量管理策略的协同训练及异步优化架构，充分利用车辆集群中个体驾驶任务间的共性知识，通过经验共享提升训练速度与收敛稳定性，深入挖掘混合动力车队节能减排优化潜力。

本章参考文献

[1] SUN C, MOURA S J, HU X S, et al. Dynamic traffic feedback data enabled energy management in plug-in hybrid electric vehicles[J]. IEEE transactions on control systems technology, 2015, 23(3):1075-1086.

[2] ZHANG M Y, YANG Y, MI C C. Analytical approach for the power management of blended-mode plug-in hybrid electric vehicles[J]. IEEE transactions on vehicular technology, 2012, 61(4):1554-1566.

[3] PENG J K, HE H W, XIONG R. Rule based energy management strategy for a series-parallel plug-in hybrid electric bus optimized by dynamic programming[J]. Applied energy, 2017, 185:1633-1643.

[4] BRAHMA A, GUEZENNEC Y, RIZZONI G. Optimal energy management in series hybrid electric vehicles[C]// Proceedings of the 2000 American Control Conference. ACC (IEEE Cat. No. 00CH36334). June 28-30,2000. Chicago, IL, USA. IEEE, 2000.

[5] YUAN Z, TENG L, SUN F C, et al. Comparative study of dynamic programming and Pontryagin's minimum principle on energy management for a parallel hybrid electric vehicle[J]. Energies, 2013, 6(4):2305-2318.

[6] TANG L, RIZZONI G, ONORI S. Optimal energy management of HEVs with consideration of battery aging[C]// 2014 IEEE Conference and Expo Transportation Electrification Asia-Pacific (ITEC Asia-Pacific). August 31-September 3,2014. Beijing, China. IEEE, 2014.

[7] CHEN Z, MI C C, XIONG R, et al. Energy management of a power-split plug-in hybrid electric vehicle based on genetic algorithm and quadratic programming[J]. Journal of power sources, 2014, 248:416-426.

[8] ZHANG Y, LIU H P, GUO Q. Varying-domain optimal management strategy for parallel hybrid electric vehicles[J]. IEEE transactions on vehicular technology, 2014, 63(2):603-616.

[9] BASHASH S, MOURA S J, FORMAN J C, et al. Plug-in hybrid electric vehicle charge pattern optimization for energy cost and battery longevity[J]. Journal of power sources, 2011, 196(1):541-549.

[10] BOEHME T J, FRANK B, SCHORI M, et al. Multi-objective optimal powertrain design of parallel hybrid vehicles with respect to fuel consumption and driving performance[C]// 2014 European Control Conference (ECC). June 24-27, 2014. Strasbourg, France. IEEE, 2014.

[11] HE H W, WANG Y L, HAN R Y, et al. An improved MPC-based energy management strategy for hybrid vehicles using V2V and V2I communications[J]. Energy, 2021, 225:120273.

[12] DI CAIRANO S, BERNARDINI D, BEMPORAD A, et al. Stochastic MPC with learning for driver-predictive vehicle control and its application to HEV energy management[J]. IEEE transactions on control systems technology, 2014, 22(3):1018-1031.

[13] LI L, YOU S X, YANG C, et al. Driving-behavior-aware stochastic model predictive control for plug-in hybrid electric buses[J]. Applied energy, 2016, 162:868-879.

[14] PAGANELLI G, ERCOLE G, BRAHMA A, et al. General supervisory control policy for the energy optimization of charge-sustaining hybrid electric vehicles[J]. JSAE review, 2001, 22(4):511-518.

[15] SCIARRETTA A, BACK M, GUZZELLA L. Optimal control of parallel hybrid electric vehicles[J]. IEEE transactions on control systems technology, 2004, 12(3):352-363.

[16] MUSARDO C, RIZZONI G, GUEZENNEC Y, et al. A-ECMS: An

adaptive algorithm for hybrid electric vehicle energy management[J]. European journal of control, 2005, 11(4/5):509-524.

[17] YU H, KUANG M, MCGEE R. Trip-oriented energy management control strategy for plug-in hybrid electric vehicles[J]. IEEE transactions on control systems technology, 2014, 22(4):1323-1336.

[18] LIU T, TANG X L, WANG H, et al. Adaptive hierarchical energy management design for a plug-in hybrid electric vehicle[J]. IEEE Transactions on Vehicular Technology, 2019, 68(12):11513-11522.

[19] LIU T, HU X S, LI S E, et al. Reinforcement learning optimized look-ahead energy management of a parallel hybrid electric vehicle[J]. ASME transactions on mechatronics, 2017, 22(4):1497-1507.

[20] QI X W, WU G Y, BORIBOONSOMSIN K, et al. Data-driven reinforcement learning-based real-time energy management system for plug-in hybrid electric vehicles[J]. Transportation research record: Journal of the transportation research board, 2016, 2572(1):1-8.

[21] YANG N K, HAN L J, XIANG C L, et al. Energy management for a hybrid electric vehicle based on blended reinforcement learning with backward focusing and prioritized sweeping[J]. IEEE transactions on vehicular technology, 2021, 70(4):3136-3148.

[22] WU J D, HE H W, PENG J K, et al. Continuous reinforcement learning of energy management with deep Q network for a power split hybrid electric bus[J]. Applied energy, 2018, 222:799-811.

[23] HAN X F, HE H W, WU J D, et al. Energy management based on reinforcement learning with double deep Q-learning for a hybrid electric tracked vehicle[J]. Applied energy, 2019, 254:113708.

[24] LI Y C, HE H W, PENG J K, et al. Deep reinforcement learning-based energy management for a series hybrid electric vehicle enabled by history cumulative trip information[J]. IEEE transactions on vehicular technology, 2019, 68(8):7416-7430.

[25] WANG Y, TAN H C, WU Y K, et al. Hybrid electric vehicle energy

management with computer vision and deep reinforcement learning[J]. IEEE transactions on industrial informatics, 2021, 17(6):3857-3868.

[26] WU Y K, TAN H C, PENG J K, et al. Deep reinforcement learning of energy management with continuous control strategy and traffic information for a series-parallel plug-in hybrid electric bus[J]. Applied energy, 2019, 247:454-466.

[27] TORREGLOSA J P, GARCIA-TRIVIÑO P, VERA D, et al. Analyzing the improvements of energy management systems for hybrid electric vehicles using a systematic literature review: How far are these controls from rule-based controls used in commercial vehicles?[J]. Applied sciences, 2020, 10(23):8744.

[28] 冯冲,张东好,罗禹贡,等. 混合动力客车自适应巡航控制研究[J]. 汽车工程, 2017, 39(1):66-72.

[29] LI G Q, GÖRGES D. Ecological adaptive cruise control and energy management strategy for hybrid electric vehicles based on heuristic dynamic programming[J]. IEEE transactions on intelligent transportation systems, 2019, 20(9):3526-3535.

[30] XIE S B, HU X S, LIU T, et al. Predictive vehicle-following power management for plug-in hybrid electric vehicles[J]. Energy, 2019, 166:701-714.

[31] XIE S B, QI S W, LANG K, et al. Coordinated management of connected plug-in hybrid electric buses for energy saving, inter-vehicle safety, and battery health[J]. Applied energy, 2020, 268:115028.

[32] ZHOU Y Z, WANG R C, DING R K, et al. Investigation on hierarchical control for driving stability and safety of intelligent HEV during car-following and lane-change process[J]. Science China technological sciences, 2022, 65(1):53-76.

[33] LI L, WANG X Y, SONG J. Fuel consumption optimization for smart hybrid electric vehicle during a car-following process[J]. Mechanical systems and signal processing, 2017, 87:17-29.

[34] SUN Y, WANG X Y, LI L, et al. Modelling and control for economy-oriented car-following problem of hybrid electric vehicle[J]. IET intelligent transport systems, 2019, 13(5):825-833.

[35] HE Y L, ZHOU Q, MAKRIDIS M, et al. Multiobjective co-optimization of cooperative adaptive cruise control and energy management strategy for PHEVs[J]. IEEE transactions on transportation electrification, 2020, 6(1):346-355.

[36] HOMCHAUDHURI B, LIN R N, PISU P. Hierarchical control strategies for energy management of connected hybrid electric vehicles in urban roads[J]. Transportation research part C: emerging technologies, 2016, 62:70-86.

[37] HOVGARD M, JONSSON O, MURGOVSKI N, et al. Cooperative energy management of electrified vehicles on hilly roads[J]. Control engineering practice, 2018, 73:66-78.

[38] QIU S L, QIU L H, QIAN L J, et al. Hierarchical energy management control strategies for connected hybrid electric vehicles considering efficiencies feedback[J]. Simulation modelling practice and theory, 2019, 90:1-15.

[39] MA G Q, GHASEMI M, SONG X Y. Integrated powertrain energy management and vehicle coordination for multiple connected hybrid electric vehicles[J]. IEEE transactions on vehicular technology, 2018, 67(4):2893-2899.

[40] HE X Z, WU X K. Eco-driving advisory strategies for a platoon of mixed gasoline and electric vehicles in a connected vehicle system[J]. Transportation research part D: transport and environment, 2018, 63:907-922.

[41] GHASEMI M, SONG X Y. Powertrain energy management for autonomous hybrid electric vehicles with flexible driveline power demand[J]. IEEE transactions on control systems technology, 2019, 27(5):2229-2236.

[42] DESJARDINS C, CHAIB-DRAA B. Cooperative adaptive cruise control: A reinforcement learning approach[J]. IEEE transactions on intelligent transportation systems, 2011, 12(4):1248-1260.

[43] GAO W N, GAO J Q, OZBAY K, et al. Reinforcement-learning-based cooperative adaptive cruise control of buses in the Lincoln tunnel corridor with time-varying topology[J]. IEEE transactions on intelligent transportation systems, 2019, 20(10):3796-3805.

[44] ZHANG H L, WU Y K, TAN H C, et al. Understanding and modeling urban mobility dynamics via disentangled representation learning[J]. IEEE transactions on intelligent transportation systems, 2022, 23(3): 2010-2020.

[45] TAN H C, ZHANG H L, PENG J K, et al. Energy management of hybrid electric bus based on deep reinforcement learning in continuous state and action space[J]. Energy conversion and management, 2019, 195: 548-560.

[46] PENG J K, ZHANG H L, MA C Y, et al. Powertrain parameters' optimization for a series-parallel plug-In hybrid electric bus by using a combinatorial optimization algorithm[J]. IEEE journal of emerging and selected topics in power electronics, 2023, 11(1): 32-43.

[47] PENG J K, ZHANG H L, LI H N, et al. Multi-parameter predictive shift schedule of automatic mechanical transmission for electric bus[J]. Proceedings of the institution of mechanical engineers, part D: Journal of automobile engineering, 2022, 236(9): 2138-2152.

[48] WU Y K, TAN H C, PENG J K, et al. Deep reinforcement learning of energy management with continuous control strategy and traffic information for a series-parallel plug-in hybrid electric bus[J]. Applied energy, 2019, 247: 454-466.

[49] ZHANG H L, PENG J K, TAN H C, et al. Tackling SOC long-term dynamic for energy management of hybrid electric buses via adaptive policy optimization[J]. Applied energy, 2020, 269: 115031.

[50] LI S, ZHANG H L, TAN H C, et al. An attention-based model for travel energy consumption of electric vehicle with traffic information[J]. Advances in civil engineering, 2021, 2021(1): 1-10.

[51] LI L C, ZHU J S, ZHANG H L, et al. Coupled application of generative adversarial networks and convolutional neural networks for travel mode detection using GPS data[J]. Transportation research part A: Policy and practice, 2020, 136: 282-292.

[52] ZHANG H L, PENG J K, TAN H C, et al. A deep reinforcement learning-based energy management framework with Lagrangian relaxation for plug-In hybrid electric vehicle[J]. IEEE transactions on transportation electrification, 2021, 7(3): 1146-1160.

[53] LIAN R Z, PENG J K, WU Y K, et al. Rule-interposing deep reinforcement learning based energy management strategy for power-split hybrid electric vehicle[J]. Energy, 2020, 197: 117297.

[54] DONG H X, DING F, TAN H C, et al. Laplacian integration of graph convolutional network with tensor completion for traffic prediction with missing data in inter-city highway network[J]. Physica A: Statistical mechanics and its applications, 2022, 586: 126474.

[55] ZHANG H L, PENG J K, DONG H X, et al. Hierarchical reinforcement learning based energy management strategy of plug-in hybrid electric vehicle for ecological car-following process[J]. Applied energy, 2023, 333: 120599.

[56] CHEN W Q, PENG J K, REN T H, et al. Integrated velocity optimization and energy management for FCHEV: An eco-driving approach based on deep reinforcement learning[J]. Energy conversion and management, 2023, 296: 117685.

[57] CHEN W Q, YIN G D, FAN Y, et al. Ecological driving strategy for fuel cell hybrid electric vehicle based on continuous deep reinforcement learning[C]//2022 6th CAA International Conference on Vehicular Control and Intelligence (CVCI). October 28-30, 2022. Nanjing,

China. IEEE, 2022: 1-6.

[58] WANG C Q, MA Y H, ZHANG S Y, et al. Global path planning for autonomous driving considering dynamic traffic impedance based on A* algorithm[C]//2022 6th CAA International Conference on Vehicular Control and Intelligence (CVCI). October 28-30, 2022. Nanjing, China. IEEE, 2022: 1-6.

[59] 彭剑坤,王勇,李志斌,等. 一种智能网联新能源汽车分层式能耗优化方法: CN112124299B[P]. 2021-11-02.

[60] ZHANG H L, PENG J K, DONG H X, et al. Integrated velocity optimization and energy management strategy for hybrid electric vehicle platoon: A multiagent reinforcement learning approach[J]. IEEE transactions on transportation electrification, 2024, 10(2): 2547-2561.

[61] 张海龙,赵永娟,张鹏飞,等. 基于多智能体强化学习的重载运输车队队列控制[J]. 兵器装备工程学报, 2024, 45(8): 45-50,66.

[62] 彭剑坤,张海龙,谭华春,李铁柱. 一种新能源公交协同调度与节能驾驶系统及其控制方法. CN202011621859.6[P]. 2024-11-12.

[63] DONG H X, ZHANG H L, DING F, et al. Battery-aware cooperative merging strategy of connected electric vehicles based on reinforcement learning with hindsight experience replay[J]. IEEE transactions on transportation electrification, 2022, 8(3): 3725-3741.

[64] FENG J S, LIN K Z, SHI T Y, et al. Cooperative traffic optimization with multi-agent reinforcement learning and evolutionary strategy: Bridging the gap between micro and macro traffic control[J]. Physica A: Statistical mechanics and its applications, 2024, 647: 129734.

第 2 章 网联混合动力车队建模与节能优化架构

混合动力车队是由多辆混合动力汽车通过车联网技术编组集成,共享信息、协同控制的网络－物理闭合反馈的复杂物理信息系统,使车辆以队列行驶方式行驶从而提高道路交通承载能力,并节能减排、减少事故发生概率。本章针对网联混合动力车队在行驶过程中纵向动力学与动力系统的共态转移,构建从动力系统转矩、转速到车队运动状态的车队控制模型,进而建立混合动力车队节能优化目标函数,旨在以问题驱动为导向对混合动力车队协同节能优化进行拆解,为后续研究控制方法提供支撑。

2.1 混合动力车队纵向动力学模型

针对由 N 辆网联混合动力汽车组成的车队,车队的信息拓扑结构如图 2.1 所示。在本书中主要研究混合动力车队纵向运动与能量分配的节能优化,因此在整车动力系统建模过程中做出如下假设:

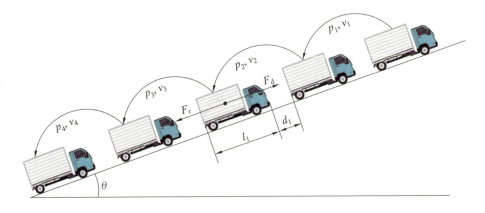

图 2.1 网联混合动力车队信息拓扑结构

(1) 忽略车轮形变、滑移带来的滑动摩擦阻力。
(2) 将车身视为刚体,忽略垂向俯仰运动。

(3) 队列中混合动力车辆同质，都为相同的动力系统构型的油－电混合动力车。

根据牛顿第二定律可以建立车队中每一辆车的时间微分方程：

$$\begin{cases} \dot{p}_i(t) = u_i(t) \\ \dot{u}_i(t) = \dfrac{F_{a,i}(t)}{\delta m_i} \end{cases} \tag{2.1}$$

式中，p 与 u 分别代表车辆的位置与速度；$F_{a,i}$ 为车辆加速阻力；m_i 为车辆整备质量；δ 为旋转质量等效换算系数。

根据驱动力－行驶阻力平衡方程描述驱动力 $F_{a,i}$ 与行驶阻力 $F_{r,i}$ 在任意时刻都相等，其中行驶阻力包含空气阻力、摩擦阻力、坡道阻力项与加速阻力四项，分别记作 $F_{w,i}$、$F_{f,i}$、$F_{z,i}$、$F_{a,i}$，则行驶阻力可以计算如下：

$$\begin{aligned} F_{a,i} &= F_{r,i} - (F_{w,i} + F_{f,i} + F_{z,i}) \\ &= \frac{T_{r,i} i_0 \eta}{r_d} - \left(\frac{C_{d_i(t)} A}{21.15} u_i(t)^2 + m_i g f \cos\theta + m_i g \sin\theta \right) \end{aligned} \tag{2.2}$$

式中，i_0、A、f、η、r_d 分别表示主减速器减速比、迎风面积、摩擦阻力系数、机械传递效率及车轮半径；$T_{r,i}$ 为混合动力系统中发动机、电机等驱动元件通过机械传动输出到驱动轴的转矩，可以表示关于动力元件驱动力的函数 $T_{r,i} = f(T_{e,i}, T_{m,i})$，其中 $T_{e,i}$ 与 $T_{m,i}$ 分别表示发动机与电机转矩；f 根据混合动力车辆动力系统构型不同存在差异，在 2.2 节中进一步确定。此外，空气阻力系数 $C_{d_i(t)}$ 受到空气流速、方向、密度、黏度等影响。本书不考虑环境因素变化，主要考虑在车队行驶过程中车头间距变化对空气阻力产生的影响，则队列中 $C_{d_i(t)}$ 可以表示为

$$C_{d_i(t)} = \begin{cases} C_d, & i = 0 \\ \left(1 - \dfrac{h_1}{h_2 + d_i(t)}\right) C_d, & i \geqslant 1 \end{cases} \tag{2.3}$$

式中，$d_i(t)$ 表示队列中第 i 辆车在 t 时刻下的车头间距，其中第 0 辆表示头车，将其空气阻力系数设定为标准空气阻力系数 C_d。

2.2 混合动力系统模型搭建

本书采用某功率分流式插电混合动力汽车作为研究对象，该构型的主要参数见表 2.1。该动力系统中包含三个动力元件：发动机、驱动电机与集成式智能启动

驱动发电机(integrated starter generator,ISG),三者通过双行星盘实现动力耦合。其中,发动机与驱动电机通过双行星盘驱动输出轴,满足车辆动力需求;而ISG电机将额外的输出功率转化为电能为动力电池充电。此动力系统将发动机与行驶工况解耦,即发动机的转矩、转速不受车辆速度与加速度限制,相较于并联式混合动力构型(发动机与输出轴机械连接),其完全释放了发动机的高效工作区间,提升了燃油经济性。同时,相较于串联式混合动力构型(发动机与ISG电机仅作为充电单元),该构型中发动机输出功率通过双行星盘动力耦合装置直接作为动力输出,避免了发动机二次能源转化带来的能量损失。但是,该动力系统由于构型更加复杂,在动力系统整车控制过程中控制策略复杂度更高。

表 2.1 功率分流式混合动力车辆主要参数表

系统元件	性能指标	性能参数
四缸发动机	峰值功率	140 kW
	最大转矩	730 N·m
	最高转速	2 750 r/min
驱动电机	峰值功率	178 kW
	最大转矩	830 N·m
	最高转速	2 000 r/min
ISG 电机	峰值功率	118 kW
	最大转矩	450 N·m
	最高转速	2 500 r/min
动力电池	类型	Li—ion
	额定容量	44 Ah
	额定电压	592 V
变速器	类型	双行星盘
	PG1 太阳轮与行星轮齿数比	2.63
	PG2 太阳轮与行星轮齿数比	1.98
主减速器	加速比	6.43
整车参数	整备质量	18 000 kg
	标准空气阻力系数	0.65
	迎风面积	7.48 m²
	滚动阻力系数	0.009 5

对功率分流式的混合动力系统进行分析,其动力系统组成如图 2.2 所示。系统中整车控制器(vehicle control unit,VCU)作为动力系统控制中枢,通过控制器局域网(controller area network,CAN)总线向其他控制单元发送控制指令,其中包括发动机控制器(engine control unit,ECU)、电机控制器(motor control unit,MCU)与电池管理系统(battery management system,BMS)。VCU 根据 CAN 总线中车辆状态信息及 ECU、MCU、BMS 等发送的控制请求,将相应指令通过串口通信发送,并由各执行器根据安全约束条件进行响应,进而实现整车控制,保证混合动力汽车整车行驶的同时进行能量分配优化。

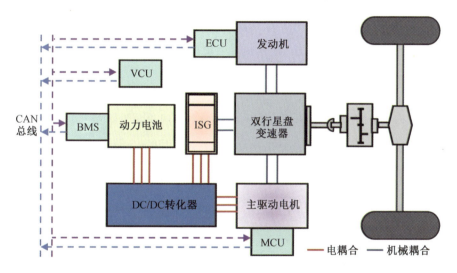

图 2.2　功率分流式混合动力车辆动力系统组成

根据 2.1 节分析,本书研究车队节能优化主要涉及 VCU 中速度控制与能量管理策略,其中纵向速度控制根据前车运动状态与本车动力系统状态规划纵向加速度,并据此获得动力系统中的动力需求;能量管理策略根据动力需求判断转矩分配,进而决定电池与燃油的能量消耗比例。基于此,考虑后面研究优化类控制策略需求,本节采用后向建模方法搭建仿真模型。动力系统中各部分的建模过程如下。

2.2.1 双行星盘动力耦合装置建模

本书采用的混合动力车辆动力系统通过双行星盘将发动机、驱动电机及ISG电机三个动力元件与输出轴机械耦合,其机械结构包含了两个不同齿数比的行星齿轮机构,每一个行星齿轮机构都由太阳轮(S)、齿圈(R)及行星架(C)三部分构成。忽略机械损失,则根据力矩－功率平衡公式可知:

$$\begin{cases} T_S + T_R + T_C = 0 \\ T_S W_S + T_R W_R + T_C W_C = 0 \end{cases} \quad (2.4)$$

式中,T_S、T_R、T_C 分别表示太阳轮、齿圈与行星架的转矩;W_S、W_R、W_C 分别表示太阳轮、齿圈与行星架的转速,根据相对运动原理及部分转速满足如下公式:

$$i_{sk}^C = \frac{W_S^C}{W_R^C} = \frac{W_S - W_C}{W_R - W_C} = -\frac{Z_R}{Z_S} = -K \quad (2.5)$$

式中,i_{sk}^C 为太阳轮与齿圈相对转速比;W_S^C、W_R^C 分别代表太阳轮与齿圈相对于行星架的转速;Z_S、Z_R 为太阳轮与齿圈齿数;K 为太阳轮与行星轮齿数比。

因此,行星盘中各部分转矩、转速满足如下公式:

$$\begin{cases} W_S + K W_R - (1+K) W_C = 0 \\ T_C : T_S : T_R = -(1+K) : 1 : K \end{cases} \quad (2.6)$$

本书的研究对象是功率分流式动力系统,如图2.3所示,左侧行星盘中,太阳轮与驱动电机的输出轴机械耦合,齿圈固定在车架,行星架与右侧行星盘的齿圈固定并与主减速器机械耦合,右侧行星盘的太阳轮与行星架分别和ISG电机与发动机连接。则根据公式(2.6),发动机、驱动电机、ISG电机与驱动轴的转矩、转速满足如下公式:

$$\begin{cases} W_g - (1+k_1) W_e + k_1 W_d = 0 \\ W_m = (1+k_2) W_d \\ T_g : T_e : T_d = 1 : -(1+k_1) : k_1 \end{cases} \quad (2.7)$$

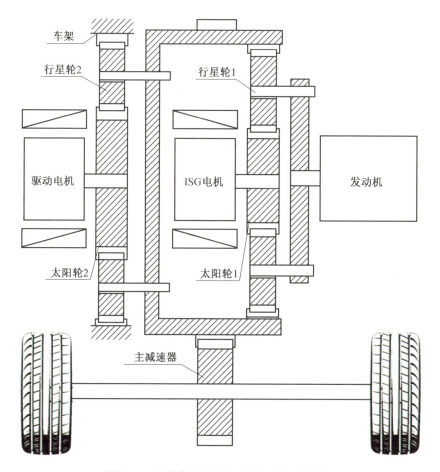

图 2.3　功率分流式动力系统机械拓扑结构

2.2.2　发动机模型搭建

本书采用准静态模型对发动机建模,忽略发动机瞬态响应与燃料燃烧差异,通过发动机台架试验中不同油门开度油耗数据,建立油耗稳态模型描述发动机燃油效率b_e(发动机单位功率下每小时消耗燃油质量)与发动机转矩T_e、转速W_e间的二元映射函数,并通过插值函数拟合如下:

$$b_e = f(W_e, T_e) \tag{2.8}$$

根据公式(2.8),可以得到发动机燃油消耗三维图,如图 2.4 所示(图中 BSFC 表示有效燃油消耗率,简称油耗率);进而建立发动机万有特性图,如图 2.5 所示。图中黑色实线表示发动机的最大输出转矩曲线,在发动机工作中转矩—转

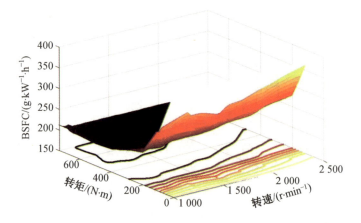

图 2.4　发动机燃油消耗三维图

速组成的工作点应该位于这条线以下。发动机模型油耗率由图中的等高线直观表示,进而发动机油耗可以根据下式计算：

$$m_f = \frac{T_e W_e}{9\,550} \cdot \frac{b_e(T_e, W_e)}{3\,600} \tag{2.9}$$

式中,m_f 表示每秒发动机燃油消耗质量；$b_e(T_e, W_e)$ 表示通过发动机模型插值函数计算的燃油消耗率。

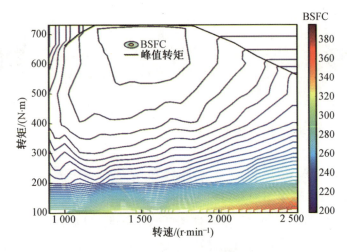

图 2.5　发动机万有特性图

通过积分可以获取发动机完整行程下的总燃油消耗量,如下式所示：

$$V_e = \frac{\int_0^t m_f \mathrm{d}t}{\rho_{\text{fuel}}} \tag{2.10}$$

式中，V_e 表示发动机燃油消耗总量，单位为 L；ρ_{fuel} 为燃油密度。

2.2.3 主驱动电机建模

该构型中主驱动电机为永磁同步电机，驱动电机在行驶过程中包括驱动与制动两种工作模式，当驱动电机输出转矩 $T_m \geqslant 0$ 时进入驱动模式，否则通过制动能量回收为动力电池充电。在建模过程中忽略电磁与热效应建立电机稳态模型，则驱动电机的功率计算如下：

$$P_m = \begin{cases} \dfrac{T_m W_m}{\eta_m(T_m, W_m)}, & T_m \geqslant 0 \\ T_m W_m \eta_m(T_m, W_m), & T_m < 0 \end{cases} \quad (2.11)$$

式中，η_m 表示电机效率。

根据台架试验数据，对电机效率 η_m 与电机转速 W_m、转矩 T_m 之间的关系进行了插值拟合，得到驱动电机效率 MAP 图如图 2.6(a) 所示。

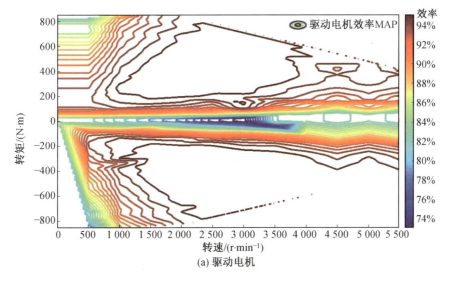

(a) 驱动电机

图 2.6　电机效率 MAP 图

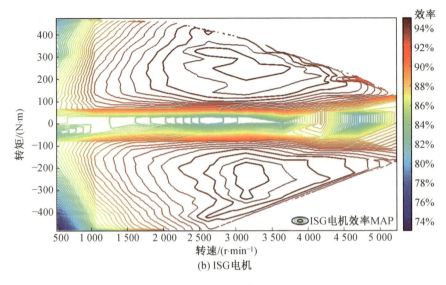

(b) ISG 电机

续图 2.6

2.2.4 ISG 电机建模

类似于主驱动电机,通过台架试验数据对 ISG 电机建模,其电机效率 MAP 图如图 2.6(b) 所示。ISG 电机功率可以计算如下:

$$P_\mathrm{i} = \begin{cases} \dfrac{T_\mathrm{g} W_\mathrm{g}}{\eta_\mathrm{i}(T_\mathrm{g}, W_\mathrm{g})}, & T_\mathrm{g} \geqslant 0 \\ T_\mathrm{g} W_\mathrm{g}\, \eta_\mathrm{i}(T_\mathrm{g}, W_\mathrm{g}), & T_\mathrm{g} < 0 \end{cases} \quad (2.12)$$

2.2.5 动力电池建模

动力电池模型包括电化学模型、数据驱动模型与等效电路模型,本书采用 R_int 等效电路模型,如图 2.7 所示,在模型中忽略锂电池解离过程内部电化学反应,通过开路电压 V_oc 与电池内阻 R_int 描述电池充放电过程变化。

根据电压回路方程,开路电压 $U_\mathrm{b}(t)$ 可以由下式计算得到:

$$U_\mathrm{b}(t) = V_\mathrm{oc} - R_\mathrm{int}\, I_\mathrm{b}(t) \quad (2.13)$$

则外电路负载功率为

$$P_\mathrm{b}(t) = \dfrac{I_\mathrm{b}(t)\, U_\mathrm{b}(t)}{1\,000} \quad (2.14)$$

进而结合式(2.13)与式(2.14),回路电流可以计算如下:

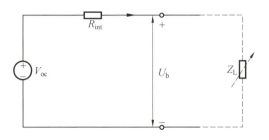

图 2.7 R_{int} 等效电路模型示意图

$$I_b(t) = \frac{V_{oc} - \sqrt{V_{oc}^2 - 4\,000\,R_{int}\,P_b(t)}}{2\,R_{int}} \tag{2.15}$$

在等效电路模型中,通过电池SOC描述电池剩余容量占总容量的百分比,忽略电池温度变化的影响,电池 SOC 可以根据安时积分法计算如下:

$$\mathrm{SOC}(t) = \mathrm{SOC}_0 - \frac{\int_0^t I(t)\,\mathrm{d}t}{Q_c} \tag{2.16}$$

式中,SOC_0 代表动力电池初始 SOC,根据初始开路电压进行标定;Q_c 为动力电池额定容量。

结合式(2.15)可得:

$$\mathrm{SOC}(t) = \mathrm{SOC}_0 - \frac{\int_0^t (V_{oc} - \sqrt{V_{oc}^2 - 4\,000 R_{int} P_b(t)})\,\mathrm{d}t}{2 R_{int} Q_c} \tag{2.17}$$

式中,开路电压V_{oc}与等效内阻R_{int}随电池电量变化。

根据充放电试验标定得到电池 R_{int} 模型状态参数标定图如图 2.8 所示。

此外,考虑到动力电池使用过程中的电池老化,本书建立电池老化模型描述电池容量的变化,引入电池健康状态 SOH[1] 表示电池充放电对健康状态的影响:

$$\Delta\mathrm{SOH}(t) = -\frac{|I(t)|\Delta t}{2 N_b Q_c} \tag{2.18}$$

式中,N_b 为电池寿命结束前的总循环次数,其值根据电池工况而变化,主要影响电池容量退化速度的因素包括电流充放电倍率(C_{rate})与电池温度。因此,标准化容量损失 Q_{loss}(单位:%)被用作电池退化的评价标准[2]:

$$Q_{loss} = (\alpha \cdot \mathrm{SOC} + \beta)\exp\left(\frac{-E_a + \eta \cdot I_c}{R_g \cdot T}\right)A(c)^z \tag{2.19}$$

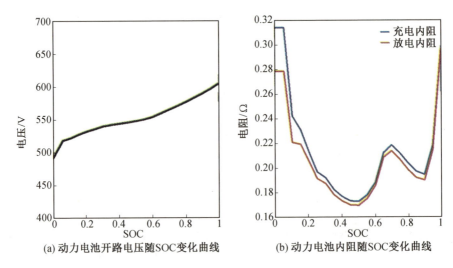

(a) 动力电池开路电压随SOC变化曲线　　(b) 动力电池内阻随SOC变化曲线

图 2.8　电池 R_{int} 模型状态参数标定图

式中,α 与 β 为动力电池参数,相应 SOC 下 α 与 β 取值见表 2.2;η 描述 C_{rate} 影响权重通过试验标定;I_c 是 C_{rate} 下的电流值;R_g 为气体常数;E_a 为电池极化能量;T 表示电池开尔文温度;Z 表示 $A(c)$ 关于安培量的幂律指数;总安培量 $A(c)$ 为关于 I_c 的函数。

表 2.2　电池参数 α、β 标定值

SOC 值	电池参数	
	α	β
SOC $\leqslant$ 0.45	1 287.6	6 356.3
SOC $>$ 0.45	1 385.5	4 193.2

电池标称寿命可以表示为

$$\Gamma = \sum_0^{\text{EOL}} |I_n(t)| \Delta t \tag{2.20}$$

式中,Γ 为电池寿命(end of life,EOL)结束时的总安培量 $A(c)$;I_n 为标称充放电条件下的回路电流。

在实际驾驶条件下的电池相对老化效应都可以通过下式描述:

$$\sigma(I_c, T, \text{SOC}) = \frac{\Gamma}{\gamma(I_c, T, \text{SOC})} = \frac{\sum_0^{\text{EOL}} |I_n(t)| \Delta t}{\sum_0^{\text{EOL}} |I(t)| \Delta t} \tag{2.21}$$

式中，$\sigma(I_c, T, \text{SOC})$ 是与 I_c、T 和 SOC 给定的特定充放电条件相对应的 $A(c)$ 总安培量。

根据文献[2]，EOL 被定义为 20% 的电池额定容量损失。那么电池寿命 Γ 可按如下方式计算：

$$\Gamma = \left[\frac{20}{(\alpha \cdot \text{SOC}_n + \beta)\exp\left(\dfrac{-31\,700 + 163.3 \cdot I_{c,n}}{R_g \cdot T_n}\right)} \right]^{\frac{1}{0.57}} \quad (2.22)$$

然后用同样的方法得到实际驾驶过程中电力电池在不同负载条件下的电池寿命 γ。考虑电池包温度管理作用，忽略电池温度影响，主要考虑 C_{rate} 对电池寿命的影响，根据文献[1]可以得到等效循环工况次数 N 计算如下：

$$N = \frac{V_{\text{oc}} \cdot A(c)}{Q} \quad (2.23)$$

2.3　混合动力车队能耗分析与节能优化架构

结合 2.1 节、2.2 节对混合动力车队建模，对混合动力车队能耗进行分析可知，在总行驶时间为 $\hat{t}$ 的特定行程中，混合动力车队总体能耗即为单位时间各车能耗 $C_i(t)$ 总和的积分，其中各车单位时间能耗包含发动机油耗 m_f 与电池电耗 ΔSOC 两部分：

$$J(\hat{t}) = \sum_{i}^{N_b} \int_0^{\hat{t}} C_i(t) \mathrm{d}t = \sum_{i}^{N_b} \int_0^{\hat{t}} |w_1 m_{fi}(t) + w_2 \Delta\text{SOC}_i(t)| \mathrm{d}t \quad (2.24)$$

式中，w_1 与 w_2 为油－电的加权系数，表示对两种能源的偏好，考虑化石能源不可再生及节能减排的时代需求，通常鼓励以用电为主；而各车单位时间发动机油耗 m_f 与电池电耗 ΔSOC 由车辆速度工况与驱动元件的工作点决定。

对于本书研究对象——双行星盘功率解构插电式混合动力汽车构成的车队，根据发动机模型中油耗计算公式(2.9)可知发动机转矩－转速对 (T_e, W_e) 直接决定发动机油耗 m_f；此外，当给定整车运动状态速度 $u_i(t)$ 与加速度 $\dot{u}_i(t)$ 时，根据公式(2.6)中机械耦合约束，发动机转矩－转速对 (T_e, W_e) 直接决定驱动电机与 ISG 电机的转矩、转速，进而根据式(2.11)与式(2.12)可以确定驱动电机与 ISG 电机功率 P_m 与 P_i。不考虑空调等车辆外负载电器电耗，动力电池外电路负载功率 P_b 为电机输入功率 P_m 与 P_i 之和，进而可以根据公式(2.17)计算电池电

耗 ΔSOC,则公式(2.24)可以转换为

$$J(\hat{t}) = \sum_{i}^{N_b} \int_0^{\hat{t}} C_i(T_{e_i}(t), W_{e_i}(t), \dot{u}_i(t)) \, \mathrm{d}t \tag{2.25}$$

式中,车队中各车初始速度 $u_i(0)$ 已知,通常从驻车状态启动的初始速度为 0。

根据公式(2.25)可知,混合动力车队能耗由各车加速度 $\dot{u}_i(t)$ 与发动机转矩 $T_{e_i}(t)$、转速 $W_{e_i}(t)$ 决定。为进一步分析能耗与控制变量关系,将混合动力汽车 $C_i(t)$ 中油耗 m_f 与电耗 ΔSOC 关系进行可视化,其中车速 $u_i(0)$ 取 10 m/s、$SOC_i(t)$ 取 0.5,为了便于展示 $\dot{u}_i(t)$,只选取 -1 m/s²、0 m/s²、1 m/s² 作为减速、匀速与加速代表,转速 $W_{e_i}(t)$ 取值范围为 $0 \sim 2\,500$ r/min,转矩 $T_{e_i}(t)$ 取值范围为 $0 \sim 700$ N·m,同时转矩转速满足动力系统约束条件。结果通过曲面图形式展示,如图 2.9 与 2.10 所示。

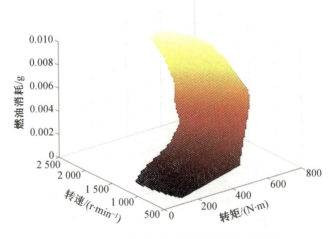

图 2.9　混合动力汽车单位时间油耗曲面图

从图 2.9 中可以看出,由于研究对象功率分流混合动力汽车中双行星盘机械耦合方式将发动机与驾驶工况解耦,从而发动机的能耗只与自身转矩、转速有关,转矩、转速越高,发动机油耗越大,在不同加速度下油耗曲面图相同;同时,系统机械耦合下的动力约束使发动机实际允许工作范围比自身工作范围小,特别是高转速、低转矩工作点受到限制。区别于油耗,根据图 2.10 中所示电耗与加速度 $\dot{u}_i(t)$ 与发动机转矩 $T_{e_i}(t)$、转速 $W_{e_i}(t)$ 都相关,整体来说加速度越高,发动机转矩、转速越低,则电池电耗越高,其本质是在该构型中动力电池在发动机输出功率不足以提供动力需求时发电,当发动机功率超过动力需求时通过电机充

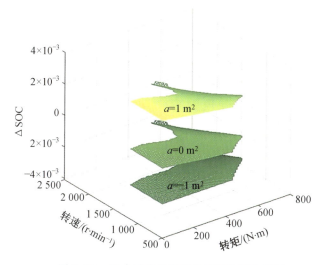

图 2.10　混合动力汽车单位时间电耗曲面图

电回收能量。此外,加速度 $\dot{u}_i(t)$ 与发动机转矩 $T_{e_i}(t)$、转速 $W_{e_i}(t)$ 同时带来车队各车位置 $p_i(t)$、速度 $u_i(t)$ 及 $SOC_i(t)$ 状态转移,由于动力系统元件工况限制与车队中各车运动约束,在节能优化过程中需要满足运动与系统约束,其中:

(1) 运动约束要求车队节能优化中运动状态满足驾驶安全与通行效率的约束范围。在不考虑换道行为的情况下,车队驾驶模式可以看作后车跟随前车的行驶状态的跟驰过程,车头时距作为描述车辆跟驰行为的关键参数,描述了前车与后车到达指定点所经过的时间。在安全范围内保持较短的车头时距可以提高交通流效率,因为较短的车头时距对应较大的道路容量;但过短的车头时距会引发碰撞风险。不同国家在法律上限制或鼓励的车头时距并不完全相同。在德国,建议车头时距为 1.8 s,且当车头时距小于 0.9 s 时进行罚款。瑞典警方使用 1 s 的车头时距作为罚款的门槛[3]。本书根据文献[4]利用 NGSIM 数据中 1 341 条跟驰轨迹数据标定的人类跟驰时距概率分布密度来设定车头时距范围,其概率密度函数如下:

$$f(\tau \mid \mu, \sigma) = \frac{1}{\tau \sigma \sqrt{2\pi}} e^{\frac{-(\ln \tau - \mu)^2}{2\sigma^2}}, \quad \tau > 0 \qquad (2.26)$$

式中,根据文献[4]标定结果,μ 与 σ 分别为 0.422 6 与 0.436 5。根据概率密度公式(2.26),本书选取位于 25% 和 75% 位置的数据值作为节能优化车头时距范围,保留小数后一位,跟驰时距范围设定为 1.2~2.0 s。

（2）系统约束要求车队在节能优化的同时保证动力系统元件健康工作，避免不可逆系统元件损伤，其中除了图 2.9 在控制执行过程中可以直接求解的瞬时系统约束限制，还需要特别关注动力电池 SOC 全局状态转移对电池老化的影响。根据公式（2.21），电池老化过程与充放电电流 I_c、电池温度 T 和电池荷电状态 SOC 相关，本书中不涉及电池温度调节，假设电池管理系统（battery management system，BMS）将温度维持在恒定室温 23 ℃。因此考虑延迟电池寿命，从而将最大放电电流设定为不超过 3C，动力电池 SOC 下限设置为大于 0.2，同时根据工况驶行里程在 SOC 下限以上设定终止电池 SOC，从而避免电量不足情况下内燃机驱动及驾驶员里程焦虑[5]。

根据以上定义，混合动力车队节能优化中涉及动力电池 SOC 与车辆速度规划，其中 SOC 只涉及单车状态，与车队中其他车辆无关，则可令 $T \in \mathbb{T}$ 表示满足动力电池约束下 SOC 轨迹；车队中速度轨迹受到队列中其他车辆影响以保持安全车头时距，则令 $\forall i \in N, E_i \in \mathbb{E}$ 表示满足运动约束条件下车队各车速度轨迹，则车队节能优化可表示如下：

$$J(\hat{t}) = \sum_i^{N_b} \int_0^{\hat{t}} C_i(T_{e_i}(t), W_{e_i}(t) \mid \dot{u}_i(t), u_i(t)) \, \mathrm{d}t$$

$$\text{s.t.} \quad SOC_i(t) \sim T \in \mathbb{T}, u_i(t) \sim \forall i \in N, E_i \in \mathbb{E} \quad (2.27)$$

根据目标函数可将节能优化任务分解为三层，如图 2.11 所示，分别为动力系统层（powertrain level）、整车层（vehicle level）、队列层（platoon level），其中下层逐级嵌套于上层架构中。具体而言，动力系统层主要是关注公式（2.27）中电池 SOC 轨迹 $SOC_i(t) \sim T$ 与 $C_i(T_{e_i}(t), W_{e_i}(t) \mid \dot{u}_i(t), u_i(t))$，即给定动力需求下混合动力系统的燃油—电池等多源动力分配，通过能量管理（energy management）提升动力系统综合发动机、电机等的整体工作效率；整车层面主要是单个混合动力汽车的节能驾驶（eco-driving），在其优化控制中涉及整车运动—动力系统耦合，即公式（2.27）中速度轨迹 $u_i(t) \sim E_i$ 与 $C_i(T_{e_i}(t), W_{e_i}(t) \mid \dot{u}_i(t), u_i(t))$ 的关系，通过整车速度规划与其动力系统内部的能量管理实现整车节能优化；队列层主要是指队列中混合动力车辆的队列协同节能优化控制（platoon control），重点关注群体—个体之间优化目标平衡，即式（2.27）中各车速度曲线对整体能耗 $J(\hat{t})$ 的作用机制，涉及协调控制队列内每个混合动力车的速度规划与能量管理，进而提升队列整体燃油经济性。

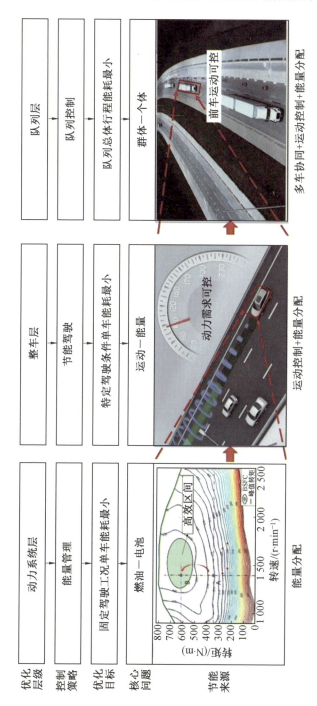

图 2.11 混合动力车队节能优化总体架构

由上述分析可知，混合动力车队三层节能优化是逐级包含的关系，在整体控制架构中最小控制单元为混合动力汽车的动力系统发动机、电机等驱动元件，能量管理中总体动力需求固定，只需考虑动力分配；单车节能驾驶增加了额外控制自由度，动力系统动力需求由运动控制决定，优化目标中同步考虑车辆驾驶需求；而在队列控制中控制变量维数增加涉及多个动力系统内驱动元件控制，同时优化目标需要考虑动力系统控制单元相互作用对车队整体性能的影响。

2.4 本章小结

本章通过混合动力车队纵向动力学模型、整车动力系统传动模型，以及发动机、电机、电池等动力系统元件模型，描述由双行星盘功率分流式插电混合动力汽车组成的车队行驶过程中运动—能量共态转移，为后续章节开展节能优化控制提供模型基础；同时，根据混合动力车队模型建立混合动力车队节能优化总体目标函数，并对车队总体行程能耗的影响因素进行分析，将节能优化总体架构按微观到宏观划分为动力系统层、整车层与车队层，明确了各层节能优化控制对象与优化目标，为后续章节分层次开展网联混合动力车队节能优化控制规划研究路线。

本章参考文献

[1] EBBESEN S, ELBERT P, GUZZELLA L. Battery state-of-health perceptive energy management for hybrid electric vehicles[J]. IEEE transactions on vehicular technology, 2012, 61(7):2893-2900.

[2] TANG L, RIZZONI G, ONORI S. Energy management strategy for HEVs including battery life optimization[J]. IEEE transactions on transportation electrification, 2015, 1(3):211-222.

[3] WANG X, JIANG R, LI L, et al. Capturing car-following behaviors by deep learning[J]. IEEE transactions on intelligent transportation systems, 2018, 19(3):910-920.

[4] ZHU M X, WANG Y H, PU Z Y, et al. Safe, efficient, and comfortable

velocity control based on reinforcement learning for autonomous driving[J]. Transportation research part C: emerging technologies, 2020, 117:102662.

[5] LI S, ZHANG H L, TAN H C, et al. An attention-based model for travel energy consumption of electric vehicle with traffic information[J]. Advances in civil engineering, 2021, 2021(1).

第 3 章 融合电池长期规划的混合动力汽车能量管理方法研究

根据第 2 章分析可知，混合动力车队节能优化包括动力系统层、整车层与队列层三个层级优化问题，根据从微观到宏观的研究思路，在本章中针对动力系统层节能优化开展系统性研究。其中，动力系统电池容量不足是影响节能优化的关键因素，对于研究对象（即插电式混合动力汽车），在纯电续驶里程内尽量消耗电池电量，总体能耗最优；而当总行程超过纯电续驶里程时，则涉及电池 SOC 规划，其规划能力直接影响油－电分配方式，进而决定能量管理策略节能优化效果。但是，针对驾驶条件不确定情况下的充放电规划是混合动力汽车能量管理的技术难点。

从现有文献来看，全局电池 SOC 规划一直以来都是混合动力汽车能量管理的重点研究方向，当前最常用的解决方案是使用最佳参考 SOC 轨迹。例如，Yu 等人利用离线动态规划方法计算参考 SOC 轨迹规划，根据实际驾驶工况预设模式，通过比例积分控制器调整参考 SOC 轨迹后的协态值[1]。He 等人将参考 SOC 轨迹引入基于模型预测控制的能量管理策略，使电池在参考 SOC 轨迹附近约束范围内波动[2]。然而，任何一种参考 SOC 都不是最优的状态转换顺序，甚至在某些驾驶场景会对能量管理产生不良影响[3]。因此，基于参考 SOC 轨迹的方法缺乏各种驾驶条件的适应性，基于强化学习的能量管理方法利用来自真实驾驶环境的交互数据训练，避免了最优参考 SOC 轨迹无法获取的问题。然而，强化学习最令人困扰的缺点是：当行程距离超过全电动范围时，低电量电池会产生额外的燃油消耗带来远期稀疏奖励，这些远期稀疏奖励在值函数估计时总是导致无模型方法陷入局部最小值情况[4]。因此，基于参考 SOC 轨迹的方法缺乏对各种驾驶条件的适应性，而基于强化学习的方法由于稀疏奖励问题无法实现长期电池 SOC 规划。所以，以数据驱动的方式将电池 SOC 长期规划整合到能量管理优化中具有重要意义。近年来，全球定位系统（GPS）和无线通信的日益普及推动了新能源实时监控系统的发展,所采集的轨迹数据隐式地反映了交通状态、驾驶员意图和能源消耗的关系,为实现上述目标提供了强有力的支持。

本章旨在提出一种基于数据驱动的 SOC 短缺风险估计方法,嵌入基于深度强化学习的能源管理策略,实现考虑 SOC 远期规划的自适应能量管理策略参数优化。

3.1 混合动力汽车能量管理数学建模

混合动力汽车能量管理可以看作一个长期序列决策,其目标是在一个给定行程的驾驶工况下消耗最少的能量。对于插电式混合动力汽车,其动力系统中包含高容量的动力电池,能量消耗既包括燃油消耗也包括电量消耗。结合第2章的能耗分析,离散时间序列下混合动力汽车优化目标函数可以表达为

$$E = \sum_{t=0}^{t=n}(w_1 m_f + w_2 m_e) \tag{3.1}$$

式中,E 代表给定行程工况下的总能耗;n 代表该行程的总时间步长;m_f 与 m_e 分别代表在某一时间步长下混合动力汽车的燃油消耗与电量消耗;w_1 与 w_2 为油-电加权比例系数,通常采用当前市场价格作为权重因子[5]。

将能量管理视为马尔可夫决策过程(Markov decision process, MDP),那么优化目标函数可以看作单一时间步长下即时奖励/惩罚 r_t 在总体时间序列上的总和($t=0,1,2,\cdots,n$),则能量管理中奖励函数 r_t 可以表示为

$$r_t = w_1 m_f + w_2 m_e \tag{3.2}$$

而奖励函数 r_t 可以看作智能体在状态 $s_t \in \mathcal{S}$ 采取动作 $a_t \in \mathcal{A}(s_t)$ 后得到环境反馈的数值信号。其中,$\mathcal{S}$ 为该工况下的混合动力汽车可能观测到的状态集合,$\mathcal{A}(s_t)$ 则为当观测状态为 s_t 时混合动力汽车所允许的控制动作集合。进而可以定义混合动力汽车能量管理马尔可夫决策过程的三要素如下:

(1) 状态。

在本章,混合动力汽车能量管理过程四个最重要的影响因子构成了四维的状态向量。其中,状态向量中包含车辆速度 u 与加速度 $\dot{u}$ 作为表征车辆动力需求和工况状态的重要参数,在实际驾驶工况下,实时速度和加速度的信息可以通过车辆 CAN 总线直接获取。当前行程剩余行驶里程 d 也包含在状态变量中,特别

是对于混合动力汽车,剩余行驶里程 d 不仅决定总体能耗,还决定油-电能量分配方式。此外,状态向量中还包括从电池管理系统中获取的电池荷电状态 SOC。而在仿真环境中,不考虑电池的温度变化与电池长期性能衰退,SOC 可以通过第 2 章所述的安时积分法获取。根据第 2 章的电池模型,t 时刻下,电池 SOC 可以表示为公式(2.16)。

(2) 动作。

由第 2 章中对功率分流插电式混合动力汽车的分析可知,发动机的转速 W_e 和转矩 T_e 直接决定了发动机工作状态,同时决定了燃油效率。对于给定的 W_e 和 T_e,动力系统的其他动力元件的转速、转矩可以唯一确定,ISG 电机的转速 W_g、转矩 T_g 可由下式计算得到:

$$\begin{cases} W_g = k_1 W_d - (1+k_1) W_e \\ T_g = -\dfrac{T_e}{1+k_1} \end{cases} \tag{3.3}$$

驱动电机的转速 W_m、转矩 T_m 可以由下式计算得到:

$$\begin{cases} W_m = (1+k_2) W_d \\ T_m = \dfrac{T_d - T_e \dfrac{k_1}{1+k_1}}{1+k_2} \end{cases} \tag{3.4}$$

式中,输出轴转速 W_d、转矩 T_d 可以根据车辆运动状态直接决定,根据第 2 章中驱动力-行驶阻力平衡方程得到 W_d 和 T_d 的计算公式如下:

$$\begin{cases} W_d = \dfrac{2\pi u i}{r} \\ T_d = \dfrac{r}{i\eta}(\dfrac{C_d A}{21.15}u^2 + mgf + \delta m\dot{u}) \end{cases} \tag{3.5}$$

为了减小随机策略引起的扰动,设定工作点满足最佳燃油经济性功率曲线如图 3.1 所示。其中 BSFC 为制动油耗率。T_e 和 W_e 的关系符合台架试验得到的最优经济曲线,那么,T_e 和 W_e 直接由发动机功率 P_e 确定。因此,本章选取发动机功率 P_e 作为动作。

(3) 奖励。

根据公式(3.2)所定义的奖励函数为油耗与电耗的市场价格加权和。其中,油耗 m_f 可以根据发动机万有特性图 3.1 插值得到;而电耗可以通过电池容量的变化来计算,如下式所示:

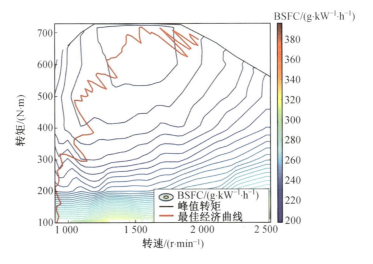

图 3.1 发动机最佳燃油经济性功率曲线

$$\Delta Q = \frac{\int_0^t (V_{oc} - \sqrt{V_{oc}^2 - 4R_{int}P_b(t)})\,dt}{2R_{int}} \tag{3.6}$$

式中,电池功率P_b可以根据 ISG 电机与驱动电机的功率按下式计算:

$$P_b = e_g W_g T_g + e_m W_m T_m \tag{3.7}$$

式中,e_g和e_m是转矩和转速的效率,根据台架上试验拟合效率 MAP 图 2.6(a)与图 2.6(b)拟合的非线性插值函数$f_1(W_g, T_g)$和$f_2(W_m, T_m)$计算。进而,奖励在实际驾驶环境中可以根据如下公式计算:

$$r = m_f \times p_f + \Delta Q \times p_e \tag{3.8}$$

式中,p_f为燃料价格,本书中取 $p_f = 6.5$ 元/L;p_e为电力价格,本书中取$p_e = 0.97$ 元/(kW·h)。

从而,基于马尔可夫决策过程的能量管理要素见表 3.1。

表 3.1 基于马尔可夫决策过程的能量管理要素表

元素	变量	范围
状态	速度 u	$0 \sim 30$ m/s
	加速度 $\dot{u}$	$-2 \sim 2$ m/s²
	电池荷电状态 SOC	$0.2 \sim 1$
	剩余行驶里程 d	$0 \sim 30$ km
动作	发动机功率 P_e	$0 \sim 140$ kW
奖励	燃油价格	$-1 \sim 1$ 元

3.2 能量管理的稀疏奖励问题分析

根据 3.1 节中对基于马尔可夫决策过程的能量管理问题描述,我们可以将能量管理控制策略表示为一个状态到动作的非线性映射函数 $\pi(a\mid s)$,其值域服从当前状态 s_t 下的可行域 $a_t \in \mathscr{A}(s_t)$。为了评价当前时刻下策略控制的输出动作的优劣,强化学习方法采用值函数 $Q(s,a)$ 来表征当前状态 s_t 下,执行控制动作 a_t 后未来的整体奖励期望,即

$$Q(s_t,a_t) = \sum_{t=0}^{\infty} r_t(s_t,a_t) \tag{3.9}$$

值得注意的是,值函数虽然表示了未来全局的奖励加权和,但值函数本身是只与当前状态 s_t 与动作 a_t 相关的唯一确定的函数。那么,在已知当前状态 s_t 与动作 a_t 且忽略环境随机扰动的条件下,仅有当前时刻的奖励 $r_t(s_t,a_t)$ 与下一时刻的状态 s_{t+1} 是确定的,而未来 k 个时间步长的状态与动作不确定性会逐渐增大。因此,通常采用时间衰减系数 $\gamma(0 \leqslant \gamma \leqslant 1)$ 来削弱未来递增的不确定性,则值函数表达如下:

$$Q_\pi(s,a) = E_\pi\Big[\sum_{k=0}^{\infty} \gamma^k r_{t+k+1} \mid s_t=s, a_t=a\Big] \tag{3.10}$$

类似的,同样可以构造状态值函数 $V_\pi(s)$ 来表示当前状态下所有可行动作未来总体奖励的平均期望,即

$$V_\pi(s) = E_\pi\Big[\sum_{k=0}^{\infty}\sum_{a_t}^{\mathscr{A}(s_t)} \gamma^k \frac{r_{t+k+1}}{n} \mid s_t=s\Big] \tag{3.11}$$

式中,n 为状态 s_t 下可行动作集合内动作总数。

当前控制动作 a_t 相对于其他动作 $a(a \in \mathscr{A})$ 的优势函数可以描述为

$$A(s_t,a_t) = Q(s_t,a_t) - V(s_t) = r(s_t,a_t) + V(s_{t+1}) - V(s_t) \tag{3.12}$$

从公式(3.12)可以看出,优势函数 $A(s_t,a_t)$ 包括两部分:当前奖励函数 $r(s_t,a_t)$ 及状态转移带来的值函数提升 $V(s_{t+1}) - V(s_t)$。对于混合动力汽车的能量管理系统,奖励函数 $r(s_t,a_t)$ 表示了在实际驾驶工况下的瞬时能耗,如公式(3.8)所示;而状态转移带来的值函数提升 $V(s_{t+1}) - V(s_t)$ 表示由系统状态变化带来的节能潜力。其中,对于特定行程的混合动力汽车而言,状态转移带来的值函数提升主要源于动力电池剩余电量 SOC 及剩余行驶里程 d。通常情况下,更高的剩余

电量 SOC 与更少的剩余行驶里程 d 对应更少的能量消耗。那么,最优的控制动作即为使得当前优势函数最大的控制动作信号,如下式所述：

$$a^* = \underset{a \in A}{\arg\max} A(s,a) \tag{3.13}$$

因此最优控制策略 $\pi^*(s,a^*)$ 即为所有状态 s 与其对应的最优控制 a^* 之间的映射。分析上述优势函数可知,在根据优势函数进行控制策略寻优过程中存在天然的矛盾权衡。当前更多消耗电池电量,可以减少发动机的燃油消耗,进而获得更高的奖励函数 $r(s_t,a_t)$；但同时会带来系统状态转移,其中电池剩余电量 SOC 减少加剧,则状态转移带来的值函数 $V(s_{t+1}) - V(s_t)$ 减少,从而使得优势函数中的两项向相反的方向变化。特别是,当电池的总体电量超过了纯电行驶里程时,前期电量过度消耗必然会导致未来电量不足,进而在馈电行驶过程中导致发动机工作负荷增加。

当前的在线能量管理控制策略主要通过两种方式来解决未来状态转移的值函数变化。第一种是通过参考 SOC 状态转移方法,这类方法通常采用参考的全局 SOC 轨迹来固定或限制状态转移,全局 SOC 轨迹通过专家知识或者在典型工况下的离线最优获得,在实际控制问题中能量管理策略使 SOC 跟随全局轨迹变化。然而,由于实际驾驶工况具有不确定性,典型工况的离线最优 SOC 轨迹与实际在线控制的最优轨迹不符,具体原因如 3.1 节所述。另一种方法希望通过直接估计出值函数 $V(s_t)$ 进而得到确定的优势函数 $A(s_t,a_t)$ 指导动作选择。然而,值函数(3.11)中的衰减系数 γ 必然导致远期的状态影响减弱,$\lim \gamma^k \to 0$。而对于混合动力汽车而言,电池电量不足带来的馈电行驶往往发生在行程后期,从而在前期动作选择过程中优势函数无法引导控制策略有效进行电量保持,进而会出现类似于 CD-CS 电量消耗与电量稳持分段式的控制过程,陷入局部最优。

3.3 基于贝叶斯估计的优势函数构建

根据 3.2 节分析,当前的两类解决优势函数中天然矛盾的方法都存在不可避免的缺陷。考虑到这一问题,在本节中拟采用贝叶斯推断的方法来解决矛盾。

在马尔可夫决策过程中,引入观测变量 o_t 来记录在 t 时刻是否发生电量短缺,并将馈电行驶中发动机充电频次作为评价电量短缺的指标。由于在馈电行驶过程中,发动机输出额外功率为电池充电时需要发电机和逆变器能量转换,在这一过程中二次能量转换必然会导致能量损失,比发动机直接提供驱动力的方式能源利用效率更低。因此,发动机频繁为电池充电通常发生在电池电量较低的驾驶条件下,此时为保持电池荷电状态 SOC 维持在预设下限以上强制性采取的低效工作模式。因此我们定义当前状态 s_t 下未来电量短缺 o_t 对应的概率如下:

$$p(o_t \mid s_t) = \frac{1}{N-t} \sum_t^N \epsilon(P_e(s_t) > P_{axle}(s_t)) \tag{3.14}$$

式中,ϵ 为阶跃函数,当发动机的输出功率 P_e 超过驱动轴的需求功率 P_{axle} 时,判定为当前时刻发动机输出额外功率为电池充电;N 为本次行程内总的时间步长,因此条件概率 $p(o_t \mid s_t)$ 为当前环境处于状态 s_t 时,未来发动机输出额外功率为电池充电时刻占剩余行程时间步长的比例。

结合观测条件概率可以将优势函数构造如下:

$$A(s_t, a_t) = r(s_t, a_t) + \log\left(\frac{p(o_{t+1} \mid s_{t+1})}{p(o_t \mid s_t)}\right) \hat{C} \tag{3.15}$$

式中,$\hat{C}$ 为平衡常数。

通过构建的优势函数 $A(s_t, a_t)$,能量管理可以实现离线自适应优化;换言之,目标函数式(3.1)可以通过离线策略 $\hat{\pi}(a \mid s)$ 采样来优化自身控制策略 $\pi(a \mid s)$,其策略优化的方向即为优势函数 $A_\pi(s, a)$ 梯度方向。具体证明如下。

假设:T 为策略 $\hat{\pi}$ 在时间步长 $n \sim n+i$ 范围内 i 步的马尔可夫转移轨迹序列。对于给定轨迹 T,优势函数 $A(s_t, a_t)$ 的期望可以记作 $E_{\tau\mid\hat{\pi}}[\sum_{t=n}^{t=n+i} r(s_t, a_t)]$,那么通过递归可以将优势函数的期望转化为如下形式:

$$\begin{aligned}
&E_{\tau\mid\hat{\pi}}\Big[\sum_{t=n}^{t=n+i} A_\pi(s_t, a_t)\Big] \\
&= E_{\tau\mid\hat{\pi}}\Big[\sum_{t=n}^{t=n+i} r(s_t, a_t) + \log\left(\frac{p(o_{t+1} \mid s_{t+1})}{p(o_t \mid s_t)}\right) \hat{C}\Big] \\
&= E_{\tau\mid\hat{\pi}}\Big[\sum_{t=n}^{t=n+i} r(s_t, a_t) + \hat{C}\sum_{t=n}^{t=n+i}(\log p(o_{t+1} \mid s_{t+1}) - \log p(o_t \mid s_t))\Big] \\
&= E_{\tau\mid\hat{\pi}}\Big[\sum_{t=n}^{t=n+i} r(s_t, a_t)\Big] + \hat{C} E_{\tau\mid\hat{\pi}}\Big[\log\left(\frac{p(o_{n+i+1} \mid s_{n+i+1})}{p(o_n \mid s_n)}\right)\Big]
\end{aligned} \tag{3.16}$$

式中,第一项 $E_{\tau\mid\hat{\pi}}[\sum_{t=n}^{t=n+i} r(s_t, a_t)]$ 等价于策略 $\hat{\pi}$ 采样下的马尔可夫转移轨迹序列 T 中的总体奖励期望,记作 $\eta(\hat{\pi})$;另一项 $\hat{C} E_{\tau\mid\hat{\pi}}[\log\left(\frac{p(o_{t+1} \mid s_{t+1})}{p(o_t \mid s_t)}\right)]$ 中,$\hat{C}$ 是一个

常数,而 $E_{\tau|\hat{\pi}}\left[\log\left(\dfrac{p(o_{t+1}\mid s_{t+1})}{p(o_t\mid s_t)}\right)\right]$ 可以转化为条件熵的差,如下式所述:

$$E_{\tau|\hat{\pi}}\left[\log\left(\dfrac{p(o_{n+i+1}\mid s_{n+i+1})}{p(o_n\mid s_n)}\right)\right]$$

$$= E_{o_{n+i+1}^{s_{n+i+1}}\in\tau}\log p(o_{n+i+1}\mid s_{n+i+1}) - E_{o_n^{s_n}\in\tau}\log p(o_n\mid s_n)$$

$$= \sum_{o_{n+i+1}^{s_{n+i+1}}\in\tau} p(s_{n+i+1},o_{n+i+1})\log p(o_{n+i+1}\mid s_{n+i+1}) - \sum_{o_n^{s_n}\in\tau} p(s_n,o_n)\log p(o_n\mid s_n)$$

$$= -H(o_{n+i+1}\parallel s_{n+i+1}) + H(o_n\parallel s_n) \tag{3.17}$$

根据上述推导,优势函数的期望可以看作策略采样奖励总体期望与条件熵差的加权和,可以表示如下:

$$E_{\tau|\hat{\pi}}\left[\sum_{t=n}^{t=n+i} A_\pi(s_t,a_t)\right] = \eta(\hat{\pi}) + \widehat{C}(H(o_n\parallel s_n) - H(o_{n+i+1}\parallel s_{n+i+1})) \tag{3.18}$$

在实车在线能量管理控制当中,优势函数的总体期望 $E_{\tau|\hat{\pi}}\left[\sum_{t=n}^{t=n+i} A_\pi(s_t,a_t)\right]$ 可以看作两个部分:一是能量消耗减少,二是电池短缺风险概率减少。对于给定行程的混合动力汽车,通常随着剩余里程逐渐减小到0,电池的荷电状态SOC从起点时的峰值降低到最小值。因此,初始时刻状态 s_0 是固定的,而电池电量短缺风险概率 $p(o_t\mid s_t)$ 在行程终点逼近0。因此,初始状态与终止状态信息熵的差 $\widehat{C}(H(o_n\parallel s_n) - H(o_{n+i+1}\parallel s_{n+i+1}))$ 为常数。当前策略的奖励期望与优势函数的期望正相关:

$$\eta(\hat{\pi}) \propto E_{\tau|\hat{\pi}}\left[\sum_{t=0}^{t=T} A_\pi(s_t,a_t)\right] \tag{3.19}$$

因此,通过增加优势函数总体期望可以使得当前策略奖励总体期望 $\eta(\hat{\pi})$ 同步增长。值得注意的是,优势函数中通过离线策略 $\hat{\pi}$ 采样的历史数据来优化在线控制策略 π,从而将数据采集与数据驱动策略训练解耦。

3.4　参数化能量管理策略梯度优化方法

在本节,将基于3.3节定义的优势函数构建能量管理控制策略。首先,将观测变量引入马尔可夫决策序列,融合观测的马尔可夫决策能量管理有向图如图3.2所示。对于给定策略 π 和观测条件概率 $p(o\mid s)$,在离散时间序列 $t\in\{0,1,2,\cdots,T\}$ 的每一个时间步长下,智能体根据策略 $\pi(a\mid s)$ 执行控制动作 a_t($a_t\in$

$\mathscr{A}(s_t))$,随后当前环境状态$s_t(s_t \in \mathscr{S})$转移到新状态$s_{t+1}(s_{t+1} \in \mathscr{S})$,其中$\mathscr{S}$表示所有可能状态的集合,$\mathscr{A}(s_t)$表示状态$s_t$下所有可行动作的集合。在状态转移的同时观测变量$o_t$根据观测条件概率$p(o \mid s)$采样获取,进而优势函数$A(s_t, a_t)$可以通过公式(3.15)计算。在每一个时间步长转移过程完成后,环境将会给智能体反馈数值奖励信号r_t。当一个完整行程结束时,环境状态达到终止状态s_T,智能体基于强化学习方法根据状态转移轨迹更新控制策略π与观测条件概率$p(o \mid s)$。

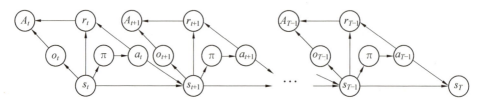

图 3.2　融合观测的马尔可夫决策能量管理有向图

本节采用参数化随机策略作为能量管理控制架构,并提出了基于梯度下降的自适应参数寻优方法,其中包含两个深层神经网络,分别命名为策略网络与观测网络。下面分别对这两个网络的细节进行描述。

3.4.1　基于深层神经网络的能量管理策略

策略网络通过深层神经网络(deep neural network,DNN)构建,其网络拓扑结构由多层的人工神经元(artificial neuron)组成,多层的神经网络间相互联结,而层内神经元相互独立,上层神经元的输出作为下层神经元的输入。单隐层神经网络结构图拓扑结构如图 3.3 所示。

其中,最左侧为神经网络的输入层,最右侧为输出层,中间为神经网络隐藏层。输入层与输出层的神经元个数由神经网络输入与输出的变量决定;隐藏层的神经元个数可任意取值,层数也可任意叠加,但考虑到计算复杂度,隐藏层层数与神经元数通常不宜过多。每一个神经元为一个运算单元,运算过程如下式所述:

$$h_{\mathbf{W},b}(x) = f(\mathbf{W}^\mathrm{T} x) = f(\sum_{i=1}^{3} W_g\, x_i + b) \quad (3.20)$$

式中,x_1, x_2, x_3 为神经元由上一层中获取的输入;$f(\cdot)$ 为激活函数;W 和 b 是神经元参数,分别为权重和偏置,其中第 l 层中第 j 个神经元所对应的权重项记为 $W_{ij}^{(l)}$,其偏置项记为 $b_i^{(l)}$,则神经网络可以通过权重 $W \in R^{3\times3}$ 和 $b \in R^{3\times3}$ 进行参数

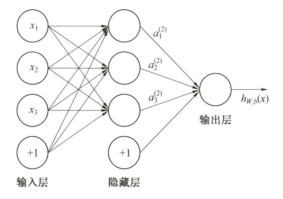

图 3.3 单隐层神经网络结构图

化表征。通过激活函数 $a_i^{(l)}$，将神经网络参数与输入的加权和通过非线性变化到特定范围内，以 $z_i^{(l)}$ 代表第 l 层第 i 单元神经网络参数与输入的加权和，$z_i^{(l)} = \sum_{j=1}^{n} W_{ij}^{(1)} x_j + b_i^{(1)}$，并将本层激活函数计算后的输出 $a_i^{(l)} = f(z_i^{(l)})$ 作为下一层网络的输入 $a_i^{(l)} = x_i$。对于一个三层神经网络，其网络参数矩阵记作 $(W,b) = (W^{(1)}, b^{(1)} W^{(2)}, b^{(2)})$，则神经网络最终输出 $h_{w,b}(x)$ 可以按如下公式计算：

$$a_1^{(2)} = f(W_{11}^{(1)} x_1 + W_{12}^{(1)} x_2 + W_{13}^{(1)} x_3 + b_1^{(1)}) \tag{3.21}$$

$$a_2^{(2)} = f(W_{21}^{(1)} x_1 + W_{22}^{(1)} x_2 + W_{23}^{(1)} x_3 + b_2^{(1)}) \tag{3.22}$$

$$a_3^{(2)} = f(W_{31}^{(1)} x_1 + W_{32}^{(1)} x_2 + W_{33}^{(1)} x_3 + b_3^{(1)}) \tag{3.23}$$

$$h_{w,b}(x) = a_1^{(3)} = f(W_{11}^{(2)} a_1^{(2)} + W_{12}^{(2)} a_2^{(2)} + W_{13}^{(2)} a_3^{(2)} + b_1^{(2)}) \tag{3.24}$$

将激活函数 $f(\cdot)$ 以向量扩展形式表示为 $f([z_1, z_2, z_3]) = [f(z_1), f(z_2), f(z_3)]$，则式(3.21)~(3.24)可以简写为

$$z^{(2)} = W^{(1)} x + b^{(1)} \tag{3.25}$$

$$a^{(2)} = f(z^{(2)}) \tag{3.26}$$

$$z^{(3)} = W^{(2)} a^{(2)} + b^{(2)} \tag{3.27}$$

$$h_{w,b}(x) = a^{(3)} = f(z^{(3)}) \tag{3.28}$$

上述步骤即为神经网络的前向传播过程，即特定参数下神经网络计算输出结果。在计算模块，前向传播通常以向量化表述，以减少计算资源消耗。即对于任意层 l 下计算的激活值 $a^{(l)}$，其下一层神经网络的激活值 $a^{(l+1)}$ 可以按如下方式计算：

$$z^{(l+1)} = W^{(l)} a^{(l)} + b^{(l)} \tag{3.29}$$

$$a^{(l+1)} = f(z^{(l+1)}) \tag{3.30}$$

进而,对于多个隐藏层神经网络,隐藏层中神经元仍以上述方式联结,本隐藏层输出的激活值作为下一层的输入,通过逐渐递推获得输出层的最终输出。

对于策略网络,神经网络输入层的输入为每一个时间步长下的状态变量 s,而输出层的输出为高斯分布的均值 μ 和方差 σ,控制动作 a 在 $N(\mu, \sigma)$ 中进行采样。神经网络的隐藏层取三层,每一层有 20 个神经元,考虑到梯度消失问题及训练收敛速度,隐藏层中的激活函数采用 ReLU[6],其激活函数表达式为 $f(x) = \max(x, 0)$。输出层的激活函数采用 $f(x) = \max(x, 0)$,将神经网络输出值域范围限制在 $[0, 1]$ 区间,然后通过线性反归一化将 μ 的范围变为与控制变量量纲相同,而 σ 反归一化到 $[0, 0.1]$ 区间。

对于不同神经网络参数,策略网络对应不同状态映射到动作非线性函数,根据柯尔莫哥洛夫判决,只要隐藏层神经元与激活函数满足条件,三层的非线性网络可以拟合任何一种输入到输出的连续映射函数[7]。因此,必有一组神经网络参数 $\theta_a = (\boldsymbol{W}, b)^*$,使得每一组状态变量 s 下策略网络的输出与最优控制动作一致,即基于神经网络的能量管理策略达到最优。因此,策略网络需要通过训练改变神经网络参数使得 $f(\boldsymbol{W}, b)$ 最优能量管理策略等价。

其中,策略网络的训练可以有两种形式实现网络参数优化:有监督学习方式与强化学习方式。在有监督学习方式中,即利用离线历史数据使得现有策略与历史数据一致,该方法用于策略的主要缺点是大量优质数据难以获取;即便可以利用离线最优的控制策略(如动态规划)来生成特定工况能量管理数据,再让策略网络通过监督学习模仿动态规划的决策,这种方式数据训练效率也很低,同时离线工况与实际驾驶工况差距较大,优化网络参数时仅仅使得在数据样本的残差减小,而当实际驾驶中面临训练样本没有涉及的状态,通常无法保证控制效果。同时,根据绪论中分析,现有离线全局最优依赖离散化,受到离散误差制约其无法真正实现连续空间的全局最优。因此,本节中我们仅在策略网络的预训练过程中采用有监督方式。强化学习的训练方式中,策略网络即通过与环境中的交互过程自主训练,根据 3.3 节中分析,策略网络的目标即最大化优势函数。强化学习训练彻底摆脱了训练数据的制约,从模仿专家知识中解放出来,有机会探索到全局最优,同时神经网络可以将连续的状态变量直接输入,进而输出连续的控制动作,彻底避免离散化过程带来的误差。

具体而言,策略网络的有监督训练过程中,策略网络根据离线获得历史数据中学习带标签数据状态 s 到动作 a 的映射关系。数据集 $\{(s^{(1)},a^{(1)}),\cdots,(s^{(m)},a^{(m)})\}$ 中独立分布 m 组状态与动作对组成的数据样例。预训练的目的是使神经网络输出的状态分布采样动作与数据样本中的动作趋于一致,则其优化的目标函数为

$$J(\boldsymbol{W},b;s,a)=\frac{1}{2}(\mu(s_i)-a_i{}^2+\sigma(s_i)-\sigma^2) \tag{3.31}$$

式中,σ 设定为 0.1,其目的是使预训练后仍保留一定程度的随机探索,以保证在后续强化学习的泛化能力。

在训练中采用批次训练,即同时输入 m 组样本,则目标函数为所有样本目标函数总和的期望,同时为了避免神经网络的过拟合,在目标函数中添加正则项:

$$J(\boldsymbol{W},b)=\left[\frac{1}{m}\sum_{i=1}^{m}J(\boldsymbol{W},b;s^{(i)},a^{(i)})\right]+\frac{\lambda}{2}\sum_{l=1}^{n_l-1}\sum_{i=1}^{s_l}\sum_{j=1}^{s_{l+1}}(W_{ij}^{(l)})^2 \tag{3.32}$$

式中,λ 为权重衰减项,用于平衡约束与目标函数优化。

强化学习目标函数为

$$J(\boldsymbol{W},b)=E(\sum_{t=0}^{t=T}\partial_{\theta_a}\log(\pi_{\theta(a_t|s_t)})A(s_t,a_t)) \tag{3.33}$$

式中,优势函数 $A(s_t,a_t)$ 可以根据公式(3.19)得到;$\log(\pi_{\theta(a_t|s_t)})$ 根据观测后验概率估计值来计算,计算方法在观测网络中会详细介绍。

综上,在监督学习与强化学习中对策略网络训练目标皆为求解最小化 $J(\boldsymbol{W},b)$ 所对应的权重 $\boldsymbol{W}$ 和偏置 b。由于目标函数高度非凸,难以通过数值方式求解,因此在神经网络训练中采用梯度下降(gradient descent)的方法,通过差分迭代来逼近最优策略。这一过程中,首先通过随机采样的方式对神经网络参数进行初始化,通常根据正态分布随机采样;然后依据随机梯度下降或内斯特洛夫法进行迭代更新,其中单步更新过程如下:

$$W_{ij}^{(l)}=W_{ij}^{(l)}-\alpha\frac{\partial}{\partial W_{ij}^{(l)}}J(\boldsymbol{W},b) \tag{3.34}$$

$$b_i^{(l)}=b_i^{(l)}-\alpha\frac{\partial}{\partial b_i^{(l)}}J(\boldsymbol{W},b) \tag{3.35}$$

式中,α 为神经网络参数更新的学习率。

在更新过程中基于链式法则求偏导 $\frac{\partial}{\partial W_{ij}^{(l)}}J(\boldsymbol{W},b;s,a)$ 和 $\frac{\partial}{\partial b_i^{(l)}}J(\boldsymbol{W},b;s,a)$,

然后对于训练批次中 m 组数据求得整体目标函数的偏导如下：

$$\begin{cases} \dfrac{\partial}{\partial W_{ij}^{(l)}} J(\boldsymbol{W}, \boldsymbol{b}) = \left[\dfrac{1}{m} \sum_{i=1}^{m} \dfrac{\partial}{\partial W_{ij}^{(l)}} J(\boldsymbol{W}, \boldsymbol{b}; s^{(i)}, a^{(i)}) \right] + \lambda W_{ij}^{(l)} \\ \dfrac{\partial}{\partial b_i^{(l)}} J(\boldsymbol{W}, \boldsymbol{b}) = \dfrac{1}{m} \sum_{i=1}^{m} \dfrac{\partial}{\partial b_i^{(l)}} J(\boldsymbol{W}, \boldsymbol{b}; s^{(i)}, a^{(i)}) \end{cases} \quad (3.36)$$

3.4.2 基于贝叶斯网络的缺电风险概率估计

为了获得优势函数 A_t 以优化策略网络，观测条件概率 $p(o_t \mid s_t)$ 需要通过历史数据进行估计。考虑到实际驾驶工况的不确定性，车辆历史行程数据仍难以覆盖全部驾驶条件与车辆动力系统状态。为了避免数据不足带来的过拟合，本节利用贝叶斯神经网络(Bayesian neural network，BNN)来估计条件概率模型 $p(o_t \mid s_t, \theta_b)$，其中 θ_b 为神经网络的待训练参数。

贝叶斯神经网络基于贝叶斯估计原理(Bayesian estimation)，将神经网络视为在给定网络输入 s_t 与网络参数 $\boldsymbol{W}$ 的条件概率分布模型 $p(o_t \mid s_t, \boldsymbol{W})$，则神经网络训练可以看作最大似然估计(maximum likelihood estimation，MLE)过程：

$$\begin{aligned} \boldsymbol{W}^* &= \underset{\boldsymbol{W}}{\arg\max} \log P(D \mid \boldsymbol{W}) \\ &= \underset{\boldsymbol{W}}{\arg\max} \sum_i \log P(o_i \mid s_i, \theta_b) \end{aligned} \quad (3.37)$$

式中，D 为历史工况数据组成的数据集，那么在神经网络训练过程中期望网络输出结果与数据集中分布相近。

区别于策略网络中采用反向传播直接降低平方误差的方式，在贝叶斯估计中定义了关于网络参数的后验分布 $P(\boldsymbol{W} \mid D)$。从而根据贝叶斯理论，可以根据下式来估计后验分布：

$$P(\boldsymbol{W} \mid D) = \frac{P(\boldsymbol{W}, D)}{P(D)} = \frac{P(D \mid \boldsymbol{W}) P(\boldsymbol{W})}{P(D)} \quad (3.38)$$

然而，数值化后验是难以求解的，因此实际网络参数优化过程是通过变分实现的，即通过一组参数 θ_b 生成的分布函数 $q(\boldsymbol{W} \mid \theta_b)$ 来逼近真实后验概率 $P(\boldsymbol{W} \mid D)$，从而将优化问题转化为减少 $q(\boldsymbol{W} \mid \theta_b)$ 与先验概率 $P(\boldsymbol{W} \mid D)$ 之间的 KL 散度，计算公式如下：

$$\theta_b^* = \underset{\theta_b}{\arg\min}\, D_{\mathrm{KL}}[q(\boldsymbol{W} \mid \theta_b) \parallel P(\boldsymbol{W} \mid D)]$$

$$= \underset{\theta_b}{\arg\min} \int q(\boldsymbol{W} \mid \theta_b) \log \frac{q(\boldsymbol{W} \mid \theta_b)}{P(\boldsymbol{W}) P(D \mid \boldsymbol{W})} \mathrm{d}\boldsymbol{W}$$

$$= \underset{\theta_b}{\arg\min}\, D_{\mathrm{KL}}[q(\boldsymbol{W} \mid \theta_b) \parallel P(\boldsymbol{W})] - E_{q(\boldsymbol{W} \mid \theta_b)}[\log P(D \mid \boldsymbol{W})]$$

(3.39)

进而神经网络优化目标函数可以写作:

$$J(D,\theta_b) = D_{\mathrm{KL}}[q(\boldsymbol{W} \mid \theta_b) \parallel P(\boldsymbol{W})] - E_{q(\boldsymbol{W} \mid \theta_b)}[\log P(D \mid \boldsymbol{W})] \quad (3.40)$$

式中,$P(\boldsymbol{W})$ 为混合高斯先验,即神经网络中每一个权重分布先验都是服从同均值不同方差的高斯分布叠加采样,即

$$P(\boldsymbol{W}) = \prod_j \pi N(w_j \mid 0, \sigma_1^2) + (1-\pi) N(w_j \mid 0, \sigma_2^2) \quad (3.41)$$

进而目标函数可以化简为

$$J(D,\theta_b) = E_q[\log q(\boldsymbol{W} \mid \theta_b) - \log P(\boldsymbol{W}) - \sum_j \log P(o_j \mid s_j, \theta_b)] \quad (3.42)$$

根据以上目标函数,就可以基于梯度下降的方法优化观测网络参数 θ_b,计算公式如下:

$$\partial \theta_b = E_q[\partial_{\theta_b} \log q(\boldsymbol{W} \mid \theta_b) - \log P(\boldsymbol{W}) - \sum_j \log P(o_j \mid s_j, \theta_b)] \quad (3.43)$$

综上所述,基于深度强化学习的能量管理策略神经网络结构见表 3.2。

表 3.2 基于深度强化学习的能量管理策略神经网络结构

类型	策略网络		观测网络	
	BP 神经网络		贝叶斯神经网络	
输入	速度,加速度,SOC,剩余行驶里程			
网络层	隐藏层节点	激活函数	隐藏层节点	激活函数
1	4	ReLU	4	ReLU
2	20	ReLU	100	ReLU
3	20	ReLU	100	ReLU
4	20	ReLU	100	ReLU
5	2	Sigmoid	1	Sigmoid
输出	高斯分布的 μ 与 σ		观测条件概率 $p(o \mid s)$	

3.4.3 基于强化学习的网络参数更新方法

根据前面对策略网络与观测网络的定义,在本小节将对整体训练过程进行详细描述。对于一个实际驾驶工况,每一个时间步长下策略网络根据当前状态 s、输出的 μ 与 σ 构成的高斯分布采样获取控制动作 $\pi(a|s)$ —— 发动机的输出功率,根据公式(3.8)获得奖励 r,并根据观测网络输出的观测条件概率 $p(o|s)$ 计算优势函数 A,进而当前状态在下一个时间步长转移到新的状态 s'。到本次行程结束时,将在云端数据库中存储完整的状态转移轨迹 $(s_0,a_0,r_0,A_0),\cdots,(s_T,a_T,r_T,A_T)$。数据库中轨迹容量设定为 5 000,当容量超过容量上限值时寄存器中最远期的轨迹数据将被新存储的数据覆盖。在策略网络与观测网络训练过程中,采用梯度下降法[8]对网络参数进行更新,其中优化器采用 Adam[9],策略网络与观测网络按照公式(3.36)与公式(3.43)通过轨迹数据进行参数优化。该算法的整体框架如图 3.4 所示,伪代码如"Algorithm 1"所示。

Algorithm 1　能量管理自适应策略优化算法

1:构建混合动力汽车动力系统仿真模型;
2:按照表 3.1 定义强化学习算法元素(包括状态、动作与奖励);
3:根据表 3.2 搭建策略网络与观测网络并对网络参数 θ_a 与 θ_b 进行初始化;
4:根据公式中目标函数,通过历史数据对策略网络进行预训练;
5:while 训练周期 $< M$ do
6:　　while 剩余行驶里程 $e > 0$ do
7:　　　　根据策略网络选择控制动作 $a_t = \pi(a|s_t)$;
8:　　　　根据控制动作 a_t 计算发动机的输出转矩,通过混合动力系统仿真模拟器计算奖励 r_t 与优势函数 A_t;
9:　　　　在状态转移轨迹中存储单步转移的数据元组 (s_t,a_t,r_t,A_t);
10:　　　下一时刻状态转移到 s_{t+1}
11:　　end while
12:　　将状态转移轨迹序列 $(s_0,a_0,r_0,A_0),\cdots,(s_T,a_T,r_T,A_T)$ 存储到云端数据库 D 中;
13:　　从数据库 D 中随机采样小批次样本用于训练;
14:　　通过梯度下降法根据公式(3.36)优化观测网络参数 θ_b;
15:　　通过梯度下降法根据公式(3.43)优化策略网络参数 θ_a;
16:　　清除训练轨迹数据寄存器
17:end while
18:return 训练后的策略网络与观测网络

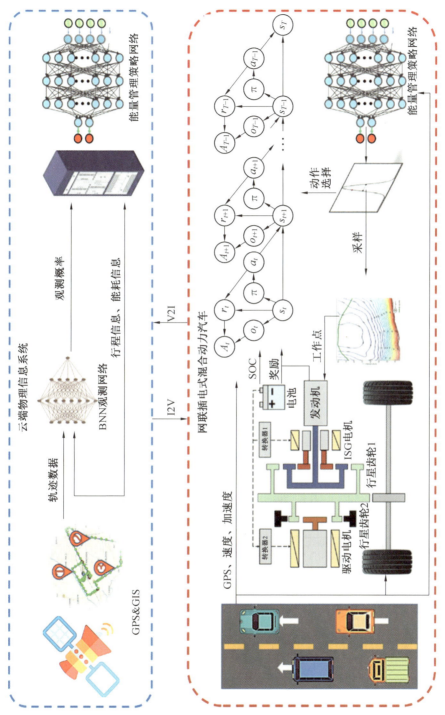

图 3.4 能量管理自适应策略优化算法整体框架

3.5 试验验证与结果分析

3.5.1 标准驾驶工况下能量管理策略验证

为了测试所提出的自适应能量管理策略(adaptive policy optimization, APO)的有效性,本节中将测试验证在中国典型城市驾驶工况(chinese typical urban driving cycle, CTUDC)下所提出的能量管理策略的最优性与稳定性。如图 3.5 所示,CTUDC 的总行程时间为 1 314 s,工况内最高速度为 60 km/h,平均速度为 16.16 km/h,最高加速度为 0.914 m/s^2。为了模拟混合动力汽车在超过纯电续驶里程情况下的能量管理表现,在本试验中将 CTUDC 工况叠加 5 次作为最终测试工况,并将初始电池荷电状态 SOC 设置为 0.4,同时考虑电池管理系统对电池电量安全保护,根据第 2 章定义将 SOC 下限设置为 0.2。

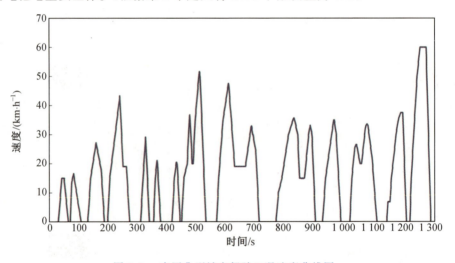

图 3.5 中国典型城市驾驶工况速度曲线图

将训练后的策略网络作为能量管理控制策略,则混合动力汽车动力系统驱动元件功率曲线如图 3.6 所示。从图中可以看出,发动机的功率曲线除了在发动机停止工作时以外,总体功率相对平稳,没有频繁的功率振荡。同时,随着电池 SOC 减少,在相同驾驶条件下发动机的输出功率总体更高,这说明 APO 通过训练学习到:根据动力电池的状态差异,动态调节发动机输出功率,以保证电池电量。

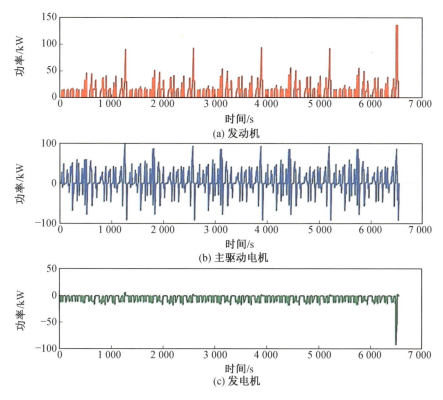

图 3.6　混合动力汽车动力系统驱动元件功率曲线图

为了进一步验证 APO 的效果,将 APO 与 CD-CS、DP 与表演者-评论家(actor-critic,AC)算法进行对比验证,对比方法简述与算法设置如下:

(1)CD-CS。

混合动力能量管理实车控制器中最广泛采用的规则式控制策略[10],在本节中作为在线能量管理控制基准所提出的算法进行验证。在本试验中,电量消耗模式中 SOC 下限取 0.25,即当电池 SOC 小于 0.25 时混合动力系统进入电量稳持模式。

(2)DP。

基于动态规划的能量管理策略是常用的混合动力离线全局最优对比基准[11],但是由于其需要未来全部工况信息作为先验,因此无法实现实车在线控制。在本节中,考虑到 DP 需要对状态和动作空间进行离散化,在 DP 中将每个状态和动作变量离散化为 100 个离散网格。

(3) AC。

AC 是标准的基于深度强化学习能量管理控制策略[12]。其中 Actor 网络输入状态向量、输出发动机转矩,Critic 网络估计值函数 Q-Value 用于验证本节所提出方法相对于标准深度强化学习策略的提升。

本节中,将行程结束时能源消耗的总价格与最终 SOC 作为经济性的评价指标,最终的对比结果见表 3.3。其中,将 DP 离线全局最优作为节能率的最高基准,可以看出 APO 相对达到了最接近于 DP 的节能水平,其节能率达到了离线全局最优的 98%,明显超过其他在线控制策略(CD-CS 与 AC)的节能水平。而且值得注意的是,APO 区别于 DP,没有提前获取未来的全部工况,而是在决策控制中仅以当前环境状态作为输入,从而避免了 DP 在现实驾驶场景中由于全局工况未知而无法使用的缺陷;同时,相较于 DP 后向寻优遍历全部状态空间,APO 在实际控制中仅通过神经网络进行前向计算,从而极大程度减少了计算负荷。此外,可以看出 AC 与 APO 这类基于深度强化学习的方法都明显优于 CD-CS 规则式方法,这是由于深度强化学习利用深层神经网络强大的非线性映射能力,充分表征复杂驾驶环境中控制决策,在避免了人工设计规则对专家知识的依赖的同时,提升了混合动力系统复杂工况适应性,实现了复杂多变状态下的精细化决策控制。此外,值得关注的是 APO 与 AC 同为深度强化学习方法,APO 经济性相较 AC 提升了 3.68%,主要原因是所提出的 APO 中引入了观测网络来估计电池状态,从而提升了强化学习方法在长期工况下对远期电量短缺的预判能力,从而提前规划全局电量消耗。

表 3.3 5×CTUDC 工况下四种能量管理策略结果对比

控制策略	终止 SOC	能耗总价/元	节能率
DP	0.20	47.62	100%
CD-CS	0.21	53.95	88.2%
AC	0.21	49.91	95.4%
APO	0.20	48.58	98.0%

为了佐证这一观点,将观测网络输出电池电量短缺条件概率 $p(o|s)$ 以等高线图形式展示在图 3.7 中,同时将以上四种能量管理策略控制下电池 SOC 轨迹的曲线画在图中。从图中可以明显看出,电池电量短缺条件概率 $p(o|s)$ 与电池

SOC 和剩余行驶里程相关,电池电量越低、剩余行驶里程越长时,电量短缺风险也越高,也就意味着在后续的驾驶工况下发动机在电池馈电状态被迫输出额外功率提供充电的频率就越高。此外,随着剩余行驶里程的减少,电量短缺条件概率 $p(o|s)$ 在不同 SOC 下差距逐渐减少;换言之,在行程快结束时,发动机被迫充电受到电池 SOC 的影响较小。因此,在 APO 的能量管理策略优化过程中,受到优势函数 $A(s,a)$ 中的信息熵约束,能量管理策略需要在减少燃油消耗的同时保证电池电量短缺条件概率 $p(o|s)$ 没有明显增长。从图 3.8 中可以明显看出,APO 在行程前期根据奖励函数 $r(s,a)$ 减少能耗的过程,有意识地避免了电池电量短缺概率 $p(o|s)$,从而在整个行程内电量短缺概率 $p(o|s)$ 与初始概率 $p(o_0|s_0)$ 相同;而 CD-CS 与 AC 在不同程度上提升了电池缺电风险,并在行程结束前陷入电量短缺高风险区域。根据试验结果分析可知,尽管 CD-CS 与 AC 在行程前期消耗了更少的能量,但是在前期过度消耗了电量,使得行程后期增加了发动机被迫充电的低效工作模式。

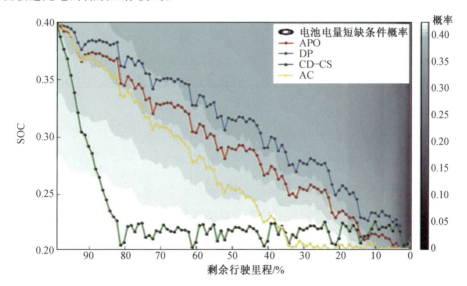

图 3.7 四种对比策略电池 SOC 曲线与观测概率图

进一步对比 AC 与 APO 这两种深度强化学习算法,可以发现尽管在 AC 中的值函数 $Q(s,a)$ 包含了远期奖励,然而值函数计算公式 $Q(s,a) = \sum_{t=0}^{0} r + \gamma r + \cdots + \gamma^t r$ 中的衰减系数 γ 导致了远期奖励在值函数估计中被削弱。尽管在试验中衰减系数取值为 $\gamma = 0.99$,与 1 十分接近,但是在 500 s 后远期奖励衰减权重在时间步长指数作用下仅为 0.007,而在本试验中全部行程工况超过 6 000 个时间步长,因此在行程初期难以通过值函数反映远期缺电风险。为了进一步阐述这一结论,给出基于 AC 的能量管理控制策略下剩余行驶里程与电池 SOC 作用下平均值函数的三维 MAP 图,如图 3.9(a) 所示;SOC 轨迹与值函数图如图 3.9(b) 所示。从图中可以看出,由于 AC 是通过最大化 $r(s,a)+Q(s,a)-Q(s',a')$ 来实现控制动作选择的,因此在状态转移过程中总是向着使值函数最大化增长的梯度方向转移,根据估计值函数,在剩余行驶里程接近 30% 时将电池 SOC 消耗到下限值 0.2,在剩余的行程内为了满足电池 SOC 约束,发动机进入馈电行驶强制充电模式。综上所述,AC 这类值函数估计的能量管理控制策略中的衰减因素使得远期稀疏奖励影响被弱化;相反,所提出的 APO 用观测概率分布代替了传统强化学习中的值函数,进而满足了混合动力系统长距离行程下能量管理需求。

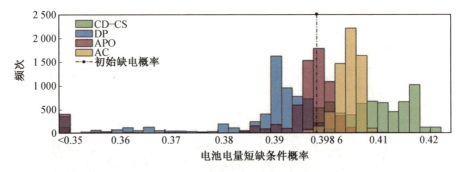

图 3.8　四种对比策略下观测概率频率直方图

为了验证动力系统工作状态,进一步分析基于 APO 的能量管理策略自学习能力,本节将驱动电机在每个训练阶段的动作点分布显示在图 3.10 中。其中,APO−SL 与 APO−RL 分别表示仅在监督学习后的能力管理策略及完成最终强化学习训练后的能量管理策略。APO−SL 在监督学习的数据集是通过 DP 离线仿真产生的,同时将基于 DP 的能量管理策略下的驱动电机作为对照。从图中可以看出,DP 的工作点分布具有明显的网格化,而 APO−SL 与 APO−RL 工作点分布相对较为连续。这是由于 DP 在求解时对控制动作进行离散化,导致控制精度依赖于离散网格划分粒度。尽管 DP 后向控制可以通过插值投射到网格内部,但是控制结果还是保留了其本身离散化的特性。相反,APO 是通过深层神经网络直接从连续的状态空间映射到动作空间,从而避免了离散化误差。此外,APO−SL 在 DP 离线数据中进行模仿学习,APO−SL 在动作点分布上与 DP 具

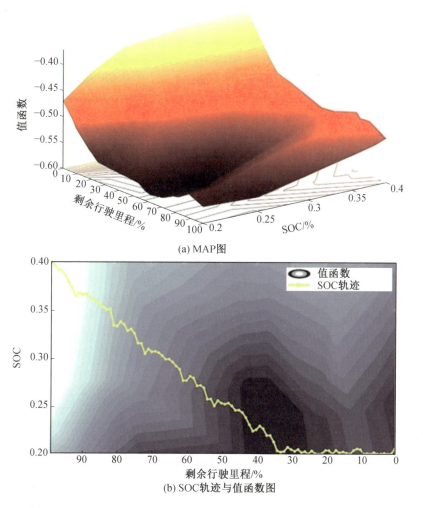

图 3.9 基于 Actor－Critic 的能量管理策略的 SOC 轨迹与值函数

有明显的相似性,而 APO－RL 在 APO－SL 的基础上通过强化学习方式继续优化。从局部放大图可以看出,APO－RL 通过强化学习避免了在 APO－SL 与 DP 中都出现的低效工作点,这说明在强化学习过程中,APO 通过自身与环境的交互自主探索,实现了自适应的参数优化,区别于监督学习中对专家知识的模仿,APO 有超越历史最高数据的节能潜力。

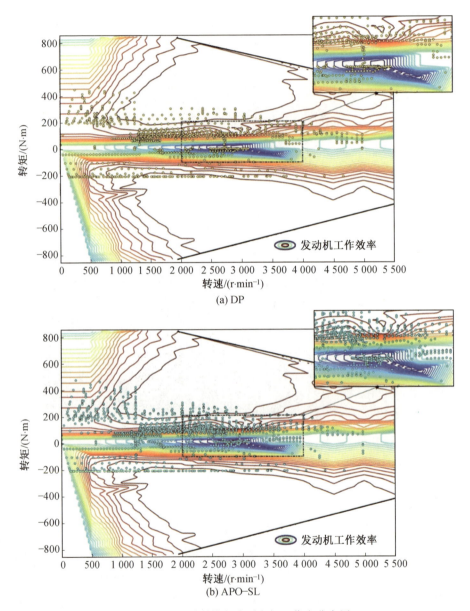

图 3.10　不同训练方式下电机工作点分布图

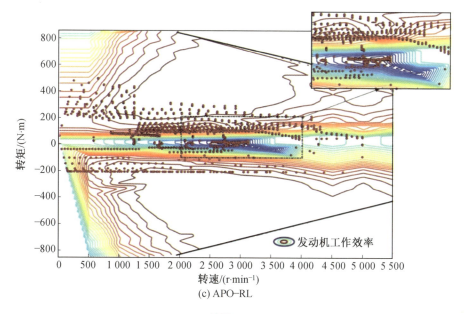

(c) APO-RL

续图 3.10

同时我们将 DP、APO-SL 与 APO-RL 的发动机工作点分布展示在图 3.11 中。从图中可以看出，APO-RL 的发动机工作点更多分布在高效经济区。从动力系统工作区可以看出，通过强化学习训练，发动机与电机的工作效率都得到了明显提升，这也进一步说明了 APO 中强化学习的训练过程对于能量管理策略自适应优化的重要性。特别的，APO-SL 与 APO-RL 具有相同的策略网络架构，这也进一步说明了燃油经济性表现的提升主要源于引入观测网络生成的优势函数 $A(s,a)$ 对策略网络参数优化方向的引导。

3.5.2 不同预训练模型的收敛性测试

APO 的训练过程包含两个阶段：一是通过离线监督学习，即根据先验能量管理策略的历史数据进行模仿学习；二是在线强化学习，即通过在线能量管理策略与环境交互数据自主更新控制策略。根据 3.4 节中的试验结果分析可知，离线监督学习受限于历史数据质量与模仿对象本身，因此能量管理策略仅通过离线监督学习无法保证实际工况下的燃油经济性。在 3.4 节试验当中，采用离线全局最优 DP 策略作为离线监督学习的模仿对象，从而在该模型预训练基础上，通过在

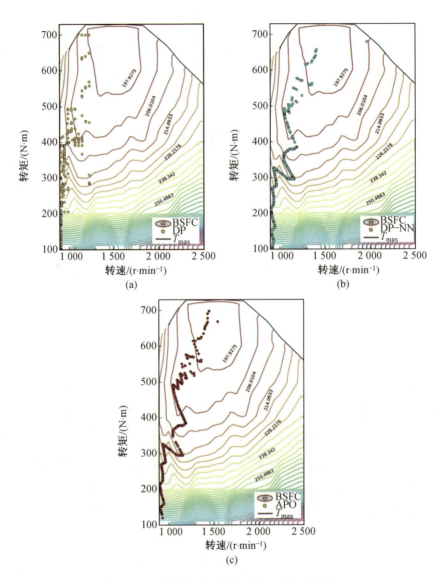

图 3.11　不同训练方式下发动机工作点分布图

线强化学习实现控制策略有效优化,最终控制效果达到近似全局最优。但是,DP 算法依赖于未来全部工况信息,无法在实车控制器中实施,基于 DP 的能量管理控制下历史数据只能在仿真环境中获取,因此在本节中,拟采用不同的控制策略作为预训练中模仿学习的对象来验证不同预训练模型与 APO 强化学习最终收敛能力的关系,进而探究合理历史训练数据的获取方式。

在试验中,将 CD－CS 和 DP 分别作为预训练中模仿学习的对象,分别对基于 CD－CS 与 DP 的能量管理策略在相同驾驶工况下的控制结果进行采集,并分别保存在两个独立的数据集当中,然后令 APO 根据两个数据集的数据进行离线监督学习,最终将得到两个网络架构相同、只有模型参数有区别的能量管理策略进行在线强化训练。不同预训练模型下能耗随训练周期变化曲线如图 3.12 所示。从图中可以看出,不同的预训练模型对在线强化学习的收敛过程存在明显影响,以 DP 作为离线最优策略时收敛的曲线相对平滑,而 CD－CS 的预训练模型收敛曲线震荡更明显。DP 作为离线全局最优控制策略,根据其控制数据进行模仿学习后,预训练模型在每个状态下采取的动作基本与最优控制动作相符;而 CD－CS 规则式控制策略本身只能达到局部最优,特别是其电量稳持工作模式下奖励反馈较低,与强化学习策略优化梯度方向相悖,因此在强化学习过程中 CD－CS 预训练模型相较于 DP 在强化学习参数优化中需要更多探索来矫正策略参数优化梯度方向。但是不论是 DP 还是 CD－CS,预训练后的模型通过强化学习最终都达到了收敛状态。

进一步将 DP 与 CD－CS 策略本身经济性指标,与以其为模仿对象的预训练模型及最终强化学习训练过程后的结果进行对比,结果见表 3.4。从表中可以明显看出,模仿对象对于离线监督学习后预训练模型的燃油经济性具有直接影响,预训练模型的控制效果只能达到接近于模仿对象的水平,而最终通过强化学习训练后不同的预训练模型下的控制效果差别不大。特别是,对于 CD－CS 预训练模型经过强化学习后,行程平均能耗达到 49.74 元,相较于 CD－CS 本身的 53.95 元减少了 7.8%,这说明即使离线监督学习模仿对象控制节能水平不足,通过强化学习仍能避免初始数据质量缺陷,最终使能量管理策略优化达到更高控制效果。

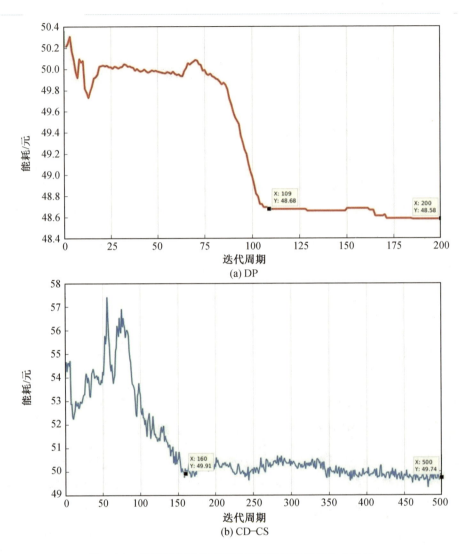

图 3.12　不同预训练模型下能耗随训练周期变化曲线图

表 3.4　不同预训练模型训练后性能参数对比

初始策略	能耗／元		
	初始策略表现	预训练后表现	强化学习训练后表现
DP	47.62	50.21	48.58
CD－CS	53.95	54.58	49.74

3.5.3 基于实际 GPS 轨迹数据下能量管理策略验证

在本节中,以都柏林市 16 号公交的 GPS 轨迹数据作为工况,对所提出的基于 APO 的能量管理策略进行训练与测试验证。其中,都柏林市 16 号公交 GPS 轨迹包含了从起点(经纬度坐标 53°28N,6°34W)到终点(经纬度坐标 53°40′N,6°15′W)共 21 km 的行驶里程。所采集的轨迹数据中包含 GPS 位置与车辆行驶速度及加速度信息。在实际驾驶工况中,由于交通环境与驾驶员等因素的共同作用,同一条线路的公交驾驶工况存在明显差异,其 GPS 轨迹数据如图 3.13 所示,其不同工况下总的行程时间跨度达到 15 min 以上。

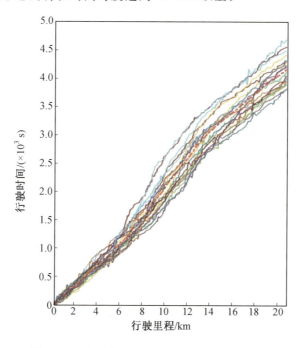

图 3.13 都柏林市 16 号公交 GPS 轨迹数据

在本试验中,为了模拟在线控制下能量管理策略,将在线控制策略 CD—CS 产生的历史数据作为预训练模仿对象。试验中将电池的初始 SOC 状态设置为 0.4,并随机选取 5 条驾驶工况作为测试环境,剩下的工况作为训练集用于强化学习训练,测试工况速度轨迹曲线如图 3.14 所示。

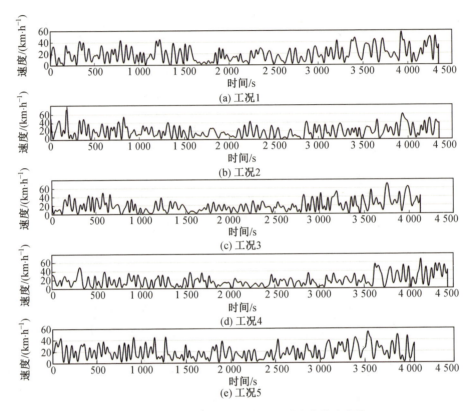

图 3.14 都柏林市 16 号公交测试工况速度轨迹曲线

表 3.5 中展示了强化学习训练后的能量管理策略在 5 组测试工况的表现。可以看出所提出的 APO 在不同的工况下能量消耗都少于 CD－CS,平均节能率达到了 4.7%。此外,工况速度的均值与标准差直接影响行程总能耗,均值与标准差越高,对应的能耗越高。CD－CS 在不同工况下能耗的差异比 APO 更大,主要原因是 CD－CS 是基于预设规则选择工作模式,对于复杂工况的适应能力较差;而 APO 强大的自学习能力使得该策略在训练中没有遇到的工况下仍能保持良好的控制效果。

表 3.5 都柏林市 16 号公交测试工况下能耗对比

轨迹序号	1	2	3	4	5
平均车速 /(m·s^{-1})	4.14	4.97	5.40	5.32	5.36
车速标准差 /(m·s^{-1})	4.98	3.16	3.22	2.96	3.14
CD－CS 的能耗 / 元	32.17	31.53	31.09	32.27	32.93
APO 的能耗 / 元	30.76	30.95	29.98	30.16	30.67

此外，为了进一步分析在不同工况下观测条件概率与 SOC 轨迹规划的关系，将 5 种驾驶工况下的 SOC 轨迹与观测条件概率等高线图显示在图 3.15(a) 中。从图中可以明显看出，在不同的驾驶工况下，SOC 轨迹存在明显差异，特别是在行驶里程 9～14 km 这一段，SOC 轨迹具有明显的差异，同时观测条件概率在此处梯度更小。根据地图中对应的公交路线，16 号公交依次经过"郊区 — 城市 — 郊区"，9～14 km 这一段行程公交处于城市中心区域。结合工况速度分布

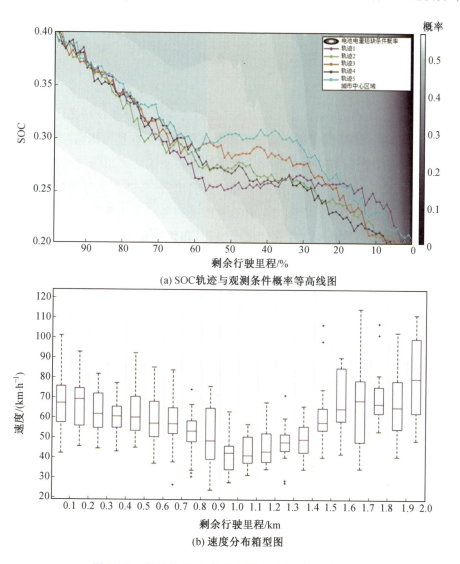

图 3.15 都柏林市 16 号公交测试工况下能耗分析图

箱型图 3.15(b)，这一段行程内速度均值与方差较低，行驶工况相对低速平稳，则动力系统的功率需求较低。因此，在这一段行程内 SOC 的状态对于未来缺电风险影响较小，进而 APO 通过自学习参数优化使能力管理策略意识到在该行程内释放电池 SOC 的约束限制，以能量消耗最少为目标提升发动机与电机的工作效率。试验结果进一步说明所提出的自适应能量管理策略优化方法能根据复杂驾驶工况动态调节能量分配，避免传统固定电池 SOC 轨迹的硬约束对能量管理潜力的限制。

3.6 本章小结

本章提出了面向插电式混合动力汽车的自适应能量管理策略优化方法。在该方法中，创新性地提出了通过观测条件概率估计远期电量短缺风险，进而构建新型的优势函数引导策略参数优化。能量管理控制策略采用深层神经网络，根据车辆行驶状态与动力系统状态控制发动机输出功率，并采用贝叶斯神经网络估计剩余行程内发生发动机被迫充电的频次进而得到观测条件概率，根据强化学习方法训练实现网络参数优化。试验证明，相较于基于规则及传统强化学习策略，无论初始状态如何，所提出能量管理策略都实现了稳定收敛于近似全局最优值，相较于传统强化学习，电池 SOC 短缺下馈电行驶时间减少了 90% 以上，能耗经济性相较于规则式与标准深度强化学习的能量管理策略分别提升了 9.8% 与 2.6%。在都柏林市公交工况数据的试验表明，该方法在复杂和不确定的驾驶条件下具有平均 4.7% 的节能率，具有强大的复杂工况适应性，在不同预训练下都能实现稳定收敛。并且所提出的能量管理策略可以实现自适应 SOC 轨迹规划，避免里程焦虑，进一步提升了 SOC 的长期规划能力。

本章参考文献

[1] YU H, KUANG M, MCGEE R. Trip-oriented energy management control strategy for plug-in hybrid electric vehicles[J]. IEEE transactions on control systems technology, 2014, 22(4):1323-1336.

[2] LI G P, ZHANG J L, HE H W. Battery SOC constraint comparison for predictive energy management of plug-in hybrid electric bus[J]. Applied energy, 2017, 194:578-587.

[3] GUO H Q, WANG X Y, LI L. State-of-charge-constraint-based energy management strategy of plug-in hybrid electric vehicle with bus route[J]. Energy conversion and management, 2019, 199:111972.

[4] GAINA R D, LUCAS S M, PÉREZ-LIÉBANA D. Tackling sparse rewards in real-time games with statistical forward planning methods[J]. Proceedings of the AAAI conference on artificial intelligence, 2019, 33(1):1691-1698.

[5] LIU C, MURPHEY Y L. Power management for plug-in hybrid electric vehicles using reinforcement learning with trip information[C]// 2014 IEEE transportation electrification conference and expo(ITEC). June 15-18, 2014. Dearborn, MI. IEEE, 2014.

[6] GLOROT X, BORDES A, BENGIO Y. Deep sparse rectifier neural networks[J]. Journal of machine learning research, 2011, 15:315-323.

[7] FRISCH U, KOLMOGOROV A N. Turbulence: the legacy of A. N. Kolmogorov[M]. Cambridge: Cambridge university press, 1995.

[8] LE CUN Y, BOSER B, DENKER J, et al. Handwritten digit recognition with a back-propagation network[J]. Advances in neural information processing systems, 1997, 2.

[9] KINGMA D P, BA J, HAMMAD M M. Adam: A method for stochastic optimization[EB/OL]. 2014:1412.6980. https://arxiv.org/abs/1412.6980v9.

[10] WILLIAMSON S S. Energy management strategies for electric and plug-in hybrid electric vehicles[M]. New York: Springer Press, 2013.

[11] BRAHMA A, GUEZENNEC Y, RIZZONI G. Optimal energy management in series hybrid electric vehicles[C]// Proceedings of the 2000 American Control Conference. ACC (IEEE Cat. No. 00CH36334). June 28-30, 2000. Chicago, IL, USA. IEEE, 2000.

[12] TAN H C, ZHANG H L, PENG J K, et al. Energy management of hybrid electric bus based on deep reinforcement learning in continuous state and action space[J]. Energy conversion and management, 2019, 195:548-560.

第4章 网联混合动力汽车能量管理的安全强化学习训练研究

在第3章中,基于深度强化学习的能量管理策略能够在云服务器中更新策略参数,从而减少在线控制的计算负荷,保证了基于深度强化学习的策略在实际驾驶工况的应用。然而,强化学习假设智能体在学习过程中可以在全部动作空间自由探索,同时基于深度神经网络的控制策略参数是随机初始化的,因此在训练的早期阶段优化不足,随机探索下不可避免地会产生某些控制行为导致额外的能量消耗,甚至会对动力系统元件产生不可逆的损伤(如电池老化)[1]。因此,如何在训练过程中规避系统风险,实现全周期安全、稳定、高效的策略优化是需要重点研究的问题。

近年来,安全强化学习训练(safe RL)被视为解决在有约束环境下强化学习实际应用问题的核心而受到广泛关注[2],然而基于深度强化学习的能量管理策略安全训练尚未被提出。制约能量管理策略安全强化学习训练的主要瓶颈是混合动力系统控制动作高维连续且各部件工作约束边界相互耦合,因此无法利用传统离散状态和动作空间的有限约束条件的线性规划等优化算法求解。当前研究最常用的方法是限制智能体的探索区域,从而保证任何工作条件下所有控制动作都为可行解,然而该类方法的本质是约束问题简化下的次优解。例如,在第3章中将发动机的最优经济曲线引入基于DRL的能源管理策略,作为专家知识来限制发动机工况的探索范围。虽然发动机的动作探索始终可以保持在可执行范围内,同时一定程度上保证了发动机燃油效率,但是发动机的狭窄工作区域限制了动力总成中其他组件的性能优化。另一类方法引入保护机制并将约束问题转化为多目标问题求解,例如,Lian等人提出了在深度强化学习能量管理中设定燃料消耗和电池充电成本的奖罚比,进而限制电池SOC变化范围。然而该类方法实际效果高度依赖奖罚比的超参数设置,不仅需要反复调参,而且只适用于特定的动力系统拓扑和驾驶条件[3]。

因此,本章旨在突破传统方法调整奖励与惩罚之间的比例框架,通过在值函数估计中添加约束直接对优化问题进行正则化；利用拉格朗日松弛技术，将具有连续动作空间的约束马尔可夫决策问题转换为无约束对偶问题，以自动找到最优可行解，实现能量管理策略全训练周期的安全参数优化。

4.1　混合动力汽车能量管理策略参数更新架构

根据上述动机分析可知，以马尔可夫决策过程表述能量管理策略满足混合动力汽车动力系统多约束耦合下优化控制问题，而高维连续空间强化学习的约束难以通过线性规划解决。强化学习训练过程依赖对控制策略的探索，如果在训练过程中直接将输出动作作为动力系统执行控制信号，必然会出现控制动作对动力系统带来不可逆损伤的情况。为了保证训练中能量管理控制的安全性，基于深度强化学习的在线控制中需要引入"看门狗"（Watchdog）机制，如图 4.1 所示。

根据图中基于 Watchdog 的能量管理策略结构可以看出，考虑基于深度强化学习策略的黑箱模型难溯源缺陷，为了保证实际控制信号满足可行的约束边界，在实际控制过程中引入基于专家知识的白箱模型作为并行的能量管理策略。基于专家知识的能量管理通过专家知识与工程标定，可以保证控制动作的可行性，但无法保证最优性，因此作为 Watchdog 机制下备用方案。当基于深度强化学习的控制动作不满足系统约束条件时，Watchdog 机制触发，选择基于专家知识的能量管理策略作为能量管理输出的控制信号，同时生成约束惩罚项来提示强化学习能量管理策略未满足约束。进而，混合动力汽车的动力系统执行机构根据控制信号实现实时控制，进而获得系统中的反馈奖励信号，并将新的观测状态从 CAN 总线输入能量管理控制器。对于强化学习能量管理策略更新来说，是将本身输出动作与观测状态、反馈奖励、惩罚约束作为一个数据元组，存储在强化学习历史数据库当中用于策略网络参数优化，进而动态更新网络参数。

对 Watchdog 机制下的能量管理策略结构分析可知，尽管 Watchdog 通过约束校验保证实际控制信号符合安全约束，然而基于专家知识的能量管理策略不是最优可行解，因此需要使深度强化学习的能量管理策略进行自学习，避免约束条件不足而被专家知识代替。约束惩罚信号给予策略优化一定程度的引导，但在强化学习训练中不可避免地带来以下三个主要缺点：

（1）多目标间冲突问题。

在马尔可夫决策过程中同时涉及反馈奖励 $r(s,a)$ 与约束惩罚 $p(s,a)$，则能量

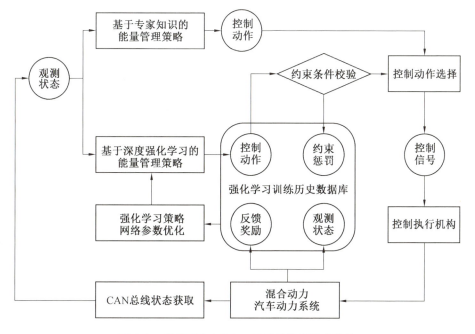

图 4.1　基于 Watchdog 的能量管理策略架构

管理策略优化目标是转化为最大化奖励与惩罚的总体加权和 $E_\pi[\sum_{t=0}^{\infty} r(s_t,a_t) - \alpha p(s_t,a_t)]$。当奖励函数与约束惩罚相悖时,该优化目标必然导致策略在奖励与惩罚之间平衡,同时需要通过大量试验进行调参以确定权重系数 α。

(2) 局部最优问题。

如第 3 章所述的基于深度强化学习能量管理策略的参数优化依赖神经网络后向传播过程中的梯度下降,神经网络策略参数 θ 在梯度下降中沿着损失函数对于网络参数偏导方向 $\frac{\partial L(\theta)}{\partial \theta}$ 下降。在 Watchdog 机制下,执行机构所采用的控制信号可能与神经网络输出不符,进而导致损失函数不联系,从而增加陷入局部最优的可能性。

(3) 过估计偏差问题。

基于深度强化学习的能量管理策略在值函数估计过程中依赖深度神经网络,而在实际控制过程中噪声 ϵ 无法避免,值函数估计误差在 Watchdog 控制动作替换过程中被进一步放大。根据贝尔曼方程,即使噪声 ϵ 无偏,值函数估计过程也必然会导致过估计问题,即式(4.1),进而值函数过估计偏差会导致次优参数更新和控制动作偏差。

$$E_\epsilon[\max_{a'} Q(s',a') + \epsilon] \geq \max_{a'} Q(s',a') \qquad (4.1)$$

4.2 基于拉格朗日松弛的深度强化学习能量管理策略

为了解决上述问题,本节提出了基于深度强化学习的能量管理控制策略,命名为"教练-演员双重评论家"(coach actor double critic,CADC),整体框架如图 4.2 所示。结合车路通信与云计算,CADC 将整体系统解构为两个模块,分别为在线能量管理模块与离线参数训练模块。在线能量管理模块植入车载控制单元(on-board control unit,OBU),而离线参数训练模块植入云端物理信息系统(cyber-physical systems,CPS)。其中,基于深层神经网络的能量管理策略在 CPS 训练后通过车路通信 I2V 将控制参数发送到 OBU 中,OBU 通过 V2I 将能量管理控制的实时数据发送到 CPS 中,从而将训练中的计算负荷从车载控制器中解放出来,同时利用云计算提升了整体的训练效率。整个算法原理与具体实施如下。

4.2.1 基于拉格朗日松弛的值函数构建

首先,在本节中将基于深度强化学习的混合动力汽车能量管理系统扩展到约束马尔可夫决策过程(constrained Markov decision processes,CMDP)[4]。CMDP 区别于 MDP,智能体的控制策略需要在每一个状态 $s(s \in \mathcal{S})$ 下,控制动作 $a(a \in \mathcal{A})$,使得惩罚总体期望满足大于约束下界 C^*,从而使得奖励总体期望最大化,其数学表示如下:

$$\max_\pi E_\pi\left[\sum_{t=0}^\infty r(s_t,a_t)\right]$$

s.t. $$E_\pi\left[\sum_{t=0}^\infty p(s_t,a_t)\right] \geq C^* \qquad (4.2)$$

根据值函数公式(3.10),CMDP 的优化问题可以转化为值函数的优化问题:

$$\max_\pi E_\pi\left[\sum_{t=0}^\infty Q_r(s_t,a_t)\right]$$

s.t. $$E_\pi\left[\sum_{t=0}^\infty Q_p(s_t,a_t)\right] \geq V_p \qquad (4.3)$$

式中,V_p 为约束下界 C^* 对应的平均惩罚期望。在实际控制优化问题当中,通常定义平均惩罚函数 $\hat{p}$,则 V_p 计算如下:

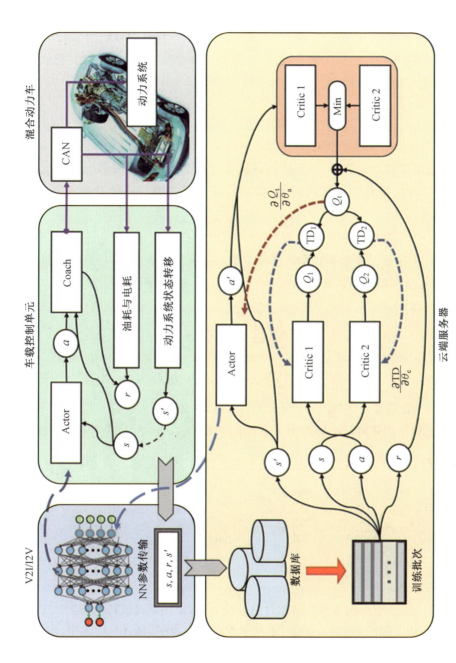

图4.2 基于CADC的算法整体框架图

$$V_p = \sum_{t=0}^{\infty} \gamma^t \hat{p} = \frac{\hat{p}}{1-\gamma} \tag{4.4}$$

为了求解 CMDP 中的约束边界内优化问题，引入拉格朗日松弛（Lagrangian relaxation，LR）方法，从而将公式（4.3）中的硬约束条件转化为优化目标软性约束，其表达式如下所示：

$$L(\pi,\lambda) = E_\pi\Big[\sum_{t=0}^{\infty} Q_r(s_t,a_t) + \lambda(Q_p(s_t,a_t) - V_p)\Big] \tag{4.5}$$

式中，λ 为拉格朗日乘子（Lagrange multiplier），$\lambda \geqslant 0$。

经过拉格朗日松弛后，CMDP 问题转化为一个无约束的对偶问题。进而对于 CMDP 深度强化学习优化问题，将策略评估定义为拉格朗日值函数，如下所示：

$$Q_L(s_t,a_t,\lambda) = Q_r(s_t,a_t) + \lambda(Q_p(s_t,a_t) - V_p) \tag{4.6}$$

在 CMDP 中原始目标函数的基础上加入加权约束和，从而得到增广目标函数，通过变换对目标函数施加约束，将方程（4.3）的优化问题转化为求解以下优化问题：

$$\begin{aligned} f(\lambda) &= \max_\pi E_\pi\Big[\sum_{t=0}^{\infty} Q_L(s_t,a_t,\lambda)\Big] \\ &= \max_\pi E_\pi\Big[\sum_{t=0}^{\infty} Q_r(s_t,a_t) + \lambda(Q_p(s_t,a_t) - V_p)\Big] \end{aligned} \tag{4.7}$$

式中，$f(\lambda)$ 为满足公式（4.3）下最优控制策略 π^* 的优化上界。

因为对于任意可行控制策略 $\hat{\pi}$ 满足 $E_{\hat{\pi}}\lambda(Q_p(s_t,a_t)) \geqslant V_p$，则必有 $f(\lambda) \geqslant E_{\hat{\pi}}[\sum_{t=0}^{\infty} Q_r(s,a)]$。因此，优化问题最终可以转化为求解下式中的最优策略问题：

$$\max_\pi \min_{\lambda \geqslant 0} E_\pi\Big[\sum_{t=0}^{\infty} Q_r(s_t,a_t) + \lambda(Q_p(s_t,a_t) - V_p)\Big] \tag{4.8}$$

4.2.2　基于 CADC 算法的参数优化方法

根据 4.2.1 节中构造的拉格朗日值函数，CMDP 问题可以转化为无约束的对偶问题求解。为了解决这一问题，本小节在传统强化学习架构 Actor-Critic 的基础上，搭建基于深度强化学习的能量管理策略算法架构 CADC，算法训练框架如图 4.3 所示。其中，CADC 中保留 Actor-Critic 中用于值函数估计的深层神经网络 Critic 与用于参数化实际控制策略的深层神经网络 Actor。但是，与 Actor-

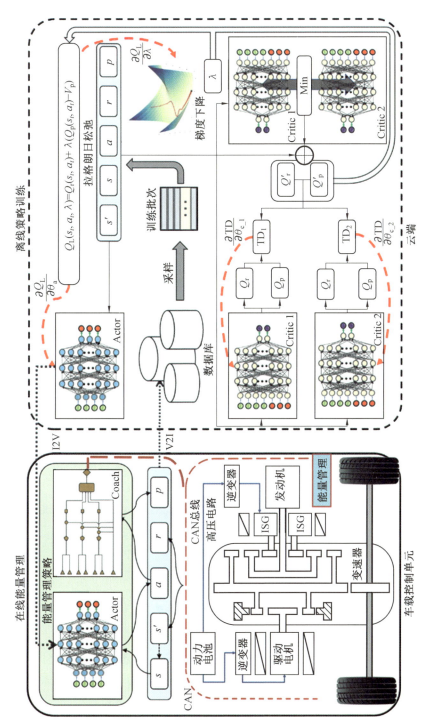

图 4.3 基于拉格朗日松弛的值函数的算法训练框架图

Critic 不同的是，CADC 中融合了 Watchdog 机制，引入了基于专家知识的能量管理策略进行辅助，命名为 Coach；Critic 的神经网络输出层的神经元变为两个，一个估计反馈奖励的值函数 Q_r，另一个估计约束惩罚的值函数 Q_p，根据公式(4.6)计算最终拉格朗日值函数 Q_L；此外，为了避免值函数的过估计问题，CADC 引入两个网络结构完全相同的 Critic 网络分别进行训练，而最终的值函数估计过程取二者的最小值。算法整体训练方法细节如下。

针对公式(4.8)对偶优化问题中拉格朗日乘子 λ 参数更新，λ 越大则对于约束惩罚的限制更严格，在 λ 更新过程中是拉格朗日值函数 $\sum_{t=0}^{\infty} Q_r(s_t, a_t) + \lambda(Q_p(s_t, a_t) - V_p)$ 通过梯度下降最小化，进而使得优化上界逼近真实值。当最终训练完成、智能体逐渐能够满足约束要求后，$Q_p(s_t, a_t)$ 趋近于 V_p 的同时 λ 逼近 0，因而 λ 的参数优化如下所示：

$$\lambda = \lambda + \alpha_\lambda \frac{\partial [\lambda(\sum_{t=0}^{\infty} Q_r(s_t, a_t) + \lambda(Q_p(s_t, a_t) - V_p)]}{\partial \lambda} \tag{4.9}$$

另一方面，公式(4.8)对偶优化问题中值函数参数更新，值函数更新的目标为最小化预测奖励/惩罚值函数 $Q_{r,p}(s, a)$ 与未来累计值函数 $r \mid p - \gamma \max_{a'} Q_{r,p}(s', a')$ 之间的时间差分(time difference, TD)误差：

$$\delta = Q_{r,p}(s, a) - r \mid p - \gamma \max_{a'} Q_{r,p}(s', a') \tag{4.10}$$

由于 $Q_r(s, a)$ 与 $Q_p(s, a)$ 在所提出 CADC 算法中是通过深层神经网络 Critic 估计的，因此未来累计值函数中 $Q_{r,p}(s', a')$ 是由延迟更新原始策略 θ_{c_old} 的 Critic 网络输出的。其中，a' 为 Actor 网络在下一时刻状态 s' 下的输出。CADC 中两个 Critic 网络的参数分别用 θ_{c_old1} 与 θ_{c_old2} 表示，则总体 TD 误差如下所述：

$$\delta(\theta_{c\_i}) = Q_{r,p}(s, a \mid \theta_{c\_i}) - r \mid p - \gamma \min(Q_{r,p}(s', \pi(s' \mid \theta_a) \mid \theta_{c\_old1}), Q_{r,p}(s', \pi(s' \mid \theta_a) \mid \theta_{c\_old2})) \tag{4.11}$$

式中，$\pi(s' \mid \theta_a)$ 表示 Actor 网络输出的控制动作 $\tilde{a}$；$\theta_{c\_i}(i=1,2)$ 表示第 i 个 Critic 网络的参数。

因此，Critic 网络训练目标可以看作最小化 $\delta(\theta_{c\_i})$ 的 L2 范数，通过梯度下降法对网络参数更新可以表示为如下公式：

$$\theta_{c\_i} = \theta_{c\_i} + \alpha_c \delta(\theta_{c\_i}) \frac{\partial \delta(\theta_{c\_i})}{\partial \theta_{c\_i}} \tag{4.12}$$

式中，α_c 为学习率，取小于 1 的正数。

由于用 Actor 网络输出 $\tilde{a}$ 代替了下一步最优动作 a'，因此 Actor 网络的训练目标使网络输出逼近最优动作 a'，即最大化拉格朗日值函数 $Q_r(s_t,a_t)+\lambda(Q_p(s_t,a_t)-V_p$，Actor 网络参数更新可以根据下式得到：

$$\theta_a=\theta_a+\alpha_a\frac{\partial\, Q_r(s,\pi(s))+\lambda(Q_p(s,\pi(s))-V_p}{\partial\pi(s)}\frac{\partial\pi(s)}{\partial\theta_a} \quad (4.13)$$

综上所述，Actor 网络与 Critic 网络可以根据公式(4.12)和公式(4.13)更新网络参数。为了避免强化学习训练中数据获取时间序列的数据高度相关，利用批次采样从历史数据库中随机采样获取数据元组 s,a,r,s'，保证机器学习训练中数据独立同分布假设。

4.2.3 能量管理策略安全强化学习实施

本节为基于 CADC 的能量管理策略在混合动力汽车电控系统中的实施方法，控制对象为第 2 章中的功率分流混合动力汽车动力系统，其构型是通过双行星盘联结发动机、驱动电机与 ISG 电机，如图 4.4 所示。为了满足整车驱动动力需求，一旦发动机工作状态确定 (W_e,T_e)，动力系统中其他驱动元件的工作状态就被唯一确定。同时，每一个驱动元件工况都有的物理约束，对于能量管理控制需要满足以下不等式：

$$\begin{cases}0\leqslant W_e\leqslant W_{e_{max}},0\leqslant W_m\leqslant W_{m_{max}},0\leqslant W_g\leqslant W_{g_{max}}\\ 0\leqslant T_e\leqslant T_{e_{max}}(W_e)\\ T_{m_{min}}(W_m)\leqslant W_m\leqslant T_{m_{max}}(W_m)\\ T_{g_{min}}(W_g)\leqslant W_g\leqslant W_{g_{max}}(W_g)\\ SOC_{min}\leqslant SOC\leqslant SOC_{max}\\ I_{batt_{min}}(SOC)\leqslant I_{batt}\leqslant I_{batt_{max}}(SOC)\\ P_{batt_{min}}(SOC)\leqslant P_{batt}\leqslant P_{batt_{max}}(SOC)\end{cases} \quad (4.14)$$

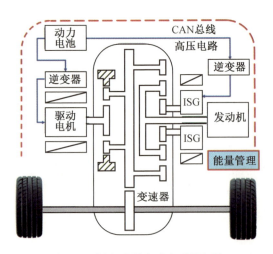

图 4.4　插电式混合动力系统架构

CADC 中观测状态 s、控制动作 a、反馈奖励 r 与约束惩罚 p 定义见表 4.1。其中,观测状态 s 是由车速 u、加速度 acc、电池荷电状态 SOC 和剩余行驶里程 d 这四个对能耗影响最大的变量构成的,其中每一个状态变量都通过归一化来避免量纲导致的影响。对于控制动作 a 包括发动机的转速 W_e 与转矩 T_e,然而在实际能量管理控制当中需要让发动机关闭,考虑 CADC 中 Actor 网络输出层激活函数作用下,自变量趋近于 $-\infty$ 时才可以逼近 0,导致强化学习训练难以直接控制转速 W_e 与转矩 T_e 两个连续变量判定发动机启停,因此在动作变量中额外增加离散变量 on/off 控制发动机启停,当发动机开启时转矩、转速根据其他两个控制策略输出,否则发动机转矩、转速都为 0。反馈奖励 r 与第 3 章中定义相同,为能量消耗的市场价格;约束惩罚 p 为根据 Watchdog 机制提供的惩罚项,当 Actor 控制动作满足约束条件时惩罚项为 0,否则控制动作由 Coach 输出惩罚项取 -1。

表 4.1　CADC 中强化学习元素定义

元素	信号	取值范围
观测状态 s	速度:u	$0 \sim 20$ m/s
	加速度:acc	$-2 \sim 2$ m/s²
	荷电状态:SOC	$0.2 \sim 1$
	剩余行程:d	$0 \sim 30$ km
	发动机转速:W_e	$0 \sim 700$ kN
	发动机转矩:T_e	$0 \sim 2\,500$ r/min

续表 4.1

元素	信号	取值范围
控制动作 a	发动机启停：on/off	0，1
反馈奖励 r	能耗价格	$-1 \sim 1$ 元
约束惩罚 p	约束惩罚信号	-1，0

根据表 4.1 中强化学习元素定义，可以构建深层神经网络 Actor 与 Critic 结构，见表 4.2。其中，隐藏层的激活函数采用 ReLU $f(x)=\max(x,0)$ 避免梯度消失。Actor 网络的输出层激活函数采用 Sigmoid 将输出值限制在 0 到 1 之间，Critic 网络输出层激活函数为 Linear，输出值可为任意实数。在 CADC 在线控制过程中，Actor 网络根据 CAN 总线中动力系统状态获取当前观测状态 s，并根据前向计算控制动作 a。由于 Actor 网络参数在训练开始阶段通过随机初始化，因此在训练早期 Actor 通常无法满足约束条件进行高效奖励探索。所以，在基于强化学习的能量管理策略中采用 ϵ-greedy 模拟退化法在训练早期进行广泛探索。具体而言，智能体在每一个时间步长以 ϵ 的概率随机采样控制动作，以 $1-\epsilon$ 的概率执行 Actor 网络的输出，其中 ϵ 根据模拟退火法随着训练周期迭代逐渐从 1 减小到 0。

表 4.2 Actor 与 Critic 深层神经网络结构

	Actor		Critic	
输入	观测状态 s		观测状态 s，控制动作 a	
层数	神经元个数	激活函数	神经元个数	激活函数
1	4	ReLU	7	ReLU
2	20	ReLU	20	ReLU
3	20	ReLU	20	ReLU
4	20	ReLU	20	ReLU
5	3	Sigmoid	2	Linear
输出	动作 a		Q 值函数 $Q_r(s,a)$，$Q_p(s,a)$	

此外，CADC 中 Coach 集成 Watchdog 机制约束条件校验、基于专家知识的能量管理策略与控制动作选择，流程图如图 4.5 所示。首先，根据 Actor 的输出控制动作中发动机启停决定发动机工作状态，对于神经网络中 Sigmoid 输出的 0

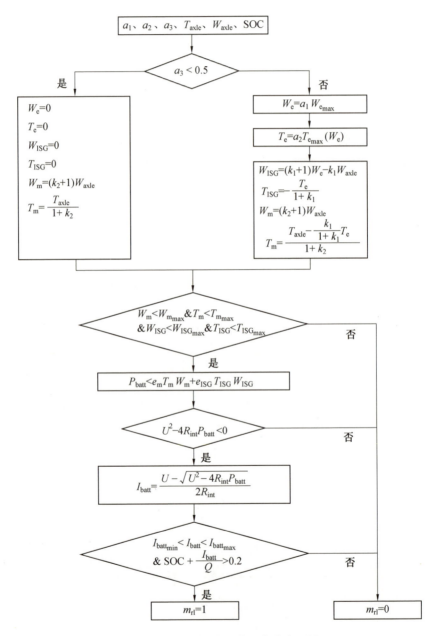

图 4.5　基于专家知识的能量管理策略流程图

到 1 连续变量,Coach 中将输出值域中位数作为分类基准。当其值小于 0.5 时发动机关闭,此模式下混合动力汽车动力需求完全由驱动电机提供;否则根据 Actor 网络,两个输出反归一化后作为发动机的转速、转矩,进而结合实际动力需求计算其他驱动元件工作状态。 然后,首先判断驱动电机与 ISG 电机转矩、转速是否满足峰值限制条件,满足条件则计算动力电池输出功率是否满足约束,进而计算电池电流并判断是否满足电流与 SOC 阈值条件。若每一项条件都满足则进入 RL 模式,$m_{rl}=1$,并将控制信号直接输出;否则 $m_{rl}=0$,进入 EXP 模式,通过 Coach 中基于规则的能量管理控制策略 CD $-$ CS 输出控制信号,其中,电池 SOC $\geqslant 0.3$ 时完全由电机驱动,否则发动机根据图 3.1 中最优经济曲线选择转矩、转速,保证电池电量稳持。

综上所述,通过 Coach 的辅助矫正使 CADC 在强化学习训练中前期探索仍能满足动力系统的约束条件,从而保证基于强化学习的能量管理策略在训练过程的安全性。另一方面,通过 Watchdog 机制中的惩罚项构建拉格朗日值函数4.6,进而鼓励 CADC 摆脱 Coach 辅助矫正,尽可能通过 Actor 网络输出直接作为能量管理系统的控制信号。

4.3 试验验证与结果分析

4.3.1 策略训练与收敛性分析

本节描述了基于 CADC 的能量管理策略训练过程,训练工况采用第 3 章所示的都柏林市 16 号公交采集 GPS 轨迹数据,将驾驶工况以 80% 与 20% 的比例划分为训练工况集与测试集。在训练过程中,CADC 仅在训练工况集中进行强化学习,更新 Actor 与 Critic 网络参数,并将参数更新后的控制策略直接在测试工况下测试能量管理性能指标,从而测试 CADC 在训练中覆盖驾驶条件下的适应性,避免强化学习训练对特定环境的过拟合,进而用测试工况来模拟实际驾驶条件中的在线控制,CADC 伪代码如"Algorithm 2"所示。

Algorithm 2　基于 CADC 的能量管理策略
───
1：根据第二章描述构建混合动力汽车动力系统仿真模型；
2：根据表 4.1 定义 CADC 强化学习元素状态、动作、奖励、惩罚；
3：根据表 4.2 构建 Actor 与 Critic 神经网络，并分别对其网络参数 θ_a、θ_{c_2} 与 θ_{c_2} 在 $[0,0.1]$ 中随机采样进行网络初始化；
4：while $\sum_{t=0}^{T} Q(s_t, a_t^*)$ 未收敛 do
5：　for $t = 1 : T$ do
6：　　根据 ϵ 概率随机选择控制动作 a_t；
7：　　否则通过 Actor 网络输出 $a_t = \pi(a \mid s_t)$
8：　　根据图 4.5 中的约束条件选择工作模式 m_{rl}
9：　　if $m_{rl} == 1$ then
10：　　　进入 RL 模式，混合动力汽车动力系统执行控制动作 a_t，获取反馈奖励 r_t 与下一时刻观测状态 s_{t+1}
11：　　else
12：　　　进入 EXP 模式，Coach 根据 CD−CS 策略执行控制动作 $a_t = \hat{a}_t$，获取反馈奖励 r_t 与约束惩罚 p_t 及下一时刻观测状态 s_{t+1}
13：　　end if
14：　　将状态转移元组 $(s_t, a_t, r_t, p_t, s_{t+1})$ 存储在历史训练数据库 D 中
15：　　从数据库 D 中随机采样小批次训练数据 (s, a, r, p, s')
16：　　Critic 网络根据公式 (4.12) 执行梯度下降更新 θ_{c_2} 与 θ_{c_2}
17：　　Actor 网络根据公式 (4.13) 执行梯度下降更新 θ_a
18：　　根据公式 (4.9) 更新拉格朗日乘子 λ
19：　end for
20：　$\epsilon \leftarrow \epsilon \times \alpha$
21：　计算驾驶工况拉格朗日值函数总和 $\sum_{t=0}^{T} Q_L(s_t, a_t^*)$，其中 $a_t^* = \arg\max Q_L(s_t, a)$
22：end while
23：return 训练后 Actor 网络，$\mu(a \mid s)$
───

在试验中，将 CADC 前 500 次训练周期内奖励期望变化与 Watchdog 触发频率画在图 4.6 中。从图中可以看出，CADC 的总体训练过程可以分为两个阶段：在第一个阶段，基于强化学习的能量管理策略优化水平不足，Watchdog 机制触

发条件约束下进入 EXP 模式的概率较高。随着拉格朗日值函数式(4.6)对强化学习策略的优化,CADC 在控制过程中产生约束惩罚 p 的概率降低,从而将 EXP 工作模式的触发概率从 0.114 降低到 0.013;同时,训练周期平均奖励也逐步提升,最终在第一阶段结束时提升到 -9.7。这说明 CADC 通过训练避免强化学习控制动作被 Coach 中规则式策略代替,同时提升本身策略节能效果。在第二阶段,强化学习中随机探索减少,CADC 进入小范围参数优化,随着训练周期迭代继续持续提升,平均奖励水平最终收敛到 -5.6,与此同时 EXP 触发概率也进一步减少到 0.005 以下,最终实现近乎完全 RL 模式控制的同时节能优化水平达到最高。因此,基于 CADC 的能量管理控制策略利用 Coach 中规则式控制策略,在 Actor 优化不足与随机探索的训练早期避免了控制动作带来的动力系统安全隐患与额外高能耗,同时训练迭代使得 CADC 摆脱对 Coach 中规则策略辅助矫正的依赖,最终实现超越专家先验知识的智能优化下能量管理策略。从上述 CADC 训练过程中可以看出,基于 CADC 的能量管理控制策略可以通过在线控制器动态更新,即在训练过程中能量管理性能仍能满足安全要求,同时可以随着用户的使用、训练数据的积累逐步提升节能效果。

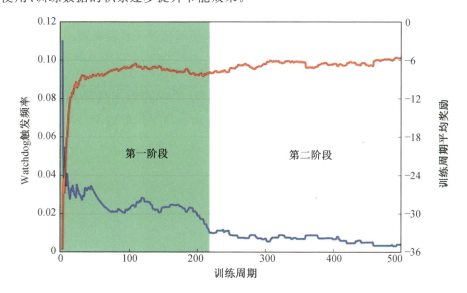

图 4.6　CADC 训练奖励期望与 Watchdog 触发频率收敛曲线图

根据上述分析,所提出的拉格朗日值函数式(4.6)可以使 CADC 避免强化学习策略过度依赖 Coach,通过优化 Actor 实现更优自主决策。仅从反馈奖励的值

函数 Q_t 来看,在训练前期 Actor 网络的输出动作很少直接探索到较优可行解,此时 Actor 输出动作对应的奖励值函数小于 Coach 规则的奖励值函数。因此,在训练早期以反馈奖励期望为优化目标的策略与以约束反馈期望为优化目标的策略优化方向相反,拉格朗日值函数对偶优化方式有效避免了反馈奖励和约束惩罚优化方向的矛盾。为了验证这一结论,本节构建对比试验将 CADC 中拉格朗日值函数替换为标准强化学习的值函数式(3.10),其中优化目标为反馈奖励与约束惩罚项的加权值 $\hat{r}(s,a)=r(s,a)+\beta p(s,a)$(在本试验中 β 取 0.1),CADC 在相同训练环境下收敛曲线如图 4.7 所示。从图中可以看出,标准值函数与拉格朗日值函数下 CADC 参数优化过程存在显著差异,最显著的差异表现为 EXP 模式在标准值函数下是逐步提升的,最终达到接近 0.8,此外训练最终平均奖励达到 -8.36,也小于所提出的拉格朗日值函数优化方法。其原因在于,前期探索中 $\hat{r}(s,a)=r(s,a)+\beta p(s,a)$,奖励与惩罚负相关,因此加权后优化目标依赖权重参数 β 的偏好,强化学习在训练探索时 Actor 输出不可行解被 Coach 中规则策略矫正后获得相对较高的奖励,从而自主探索下高奖励对应动作相对稀疏,Actor 网络将参数优化反而输出更多不可行解进而被 Coach 代替获得较高的奖励,最终使得训练结果与预期相反,强化学习减少自主决策而依赖于预设规则,从而使优化策略陷入局部最优。

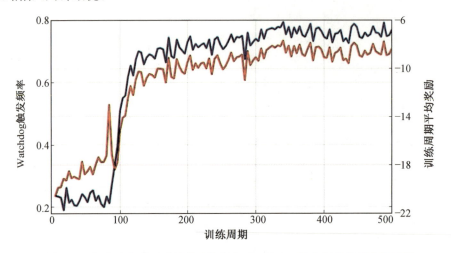

图 4.7　标准强化学习训练奖励期望与 Watchdog 触发频率收敛曲线图

此外,尽管值函数 $\hat{r}(s,a)=r(s,a)+\beta p(s,a)$ 中采用更高值 β 可以在一定程

度上缓解对预设规则辅助过度依赖的问题，但是加权平衡的天然缺陷注定导致该优化方法陷入繁复的调参与内部项冲突的问题。为进一步验证这一点，在试验中将几组不同 β 取值下的标准值函数优化的结果与拉格朗日值函数优化方法进行对比，见表 4.3。从表中看出，仅通过对标准值函数的手动调参难以找到多目标平衡最优解，在几组 β 参数下平均奖励仍未能超过拉格朗日值函数优化方法；此外，在几组 β 参数下的标准值函数优化都不能使能量管理策略完全摆脱对规则的依赖，而且值得注意的是当 β 设定过大时会影响最终反馈奖励优化效果，其中 $\beta=10$ 条件下最终平均奖励比 $\beta=1$ 条件下少 67.3%，其主要原因在与于 $\hat{r}(s,a)$ 量纲差异带来值函数高度非凸，从而极大地提升了强化学习优化难度。综上所述，所提出的 CADC 在强化学习中引入拉格朗日松弛保证训练安全性与收敛性，同时避免对模型超参数进行繁复调参工作，有效提升智能优化水平。

表 4.3　不同奖惩比例下标准强化学习与拉格朗日值函数优化性能对比

值函数参数	标准强化学习					拉格朗日值函数
	$\beta=0.1$	$\beta=0.3$	$\beta=0.5$	$\beta=1$	$\beta=10$	λ
EXP 模式触发概率	86.2%	70.9%	41.3%	15.8%	3.25%	0.5%
训练最终平均奖励	−8.36	−7.13	−6.27	−6.41	−10.73	−5.6

4.3.2　测试工况试验与分析

在本节中，将训练后的 CADC 在测试集工况下进行测试验证，其中所选取工况速度曲线如图 4.8 所示，该工况中最大速度为 14.5 m/s，平均速度为 5.1 m/s，最大加速度为 1.4 m/s^2，初始电池 SOC 设定为 0.6。

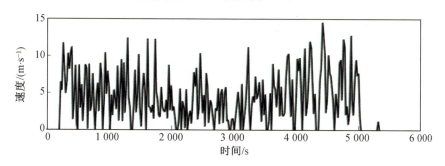

图 4.8　都柏林 16 号公交测试工况速度曲线

在所选取工况下,CADC 策略控制动力系统驱动元件功率曲线如图 4.9 所示。从图中可以看出:CADC 能量管理控制策略在训练后习得减少发动机工作,从而减少燃油消耗,尽量通过电驱动提升混合动力系统的经济性。此外,发动机输出功率主要分布于 80～100 kW,从而避免了发动机低功率的低效工作模式。

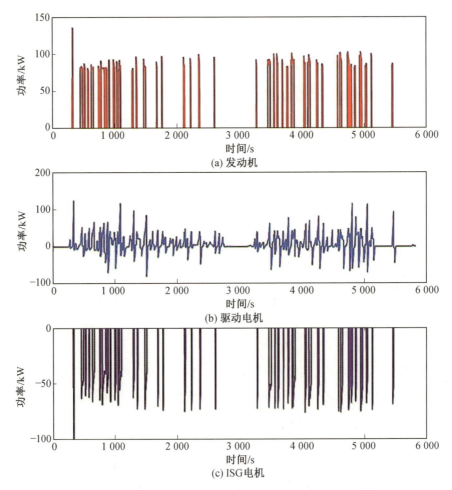

图 4.9　CADC 策略控制动力系统驱动元件功率曲线图

为进一步分析混合动力系统的各驱动元件工作状态,将发动机、驱动电机与 ISG 电机的工作点与效率 MAP 图展示在图 4.10～4.12 中。其中,工作效率 MAP 是通过离线台架标定获得的。从发动机工作点可以看出,发动机所有工作点都处于发动机高效工作区间,其制动比油耗小于 200 g/(kW·h)。同时,ISG 电机平均工作效率也很高,工作效率大于 90%。这说明 CADC 通过训练习得将发动机与ISG电机组成的发电机组以高效工作模式驱动,而驱动电机的工作点分布在更广的区间内来保证整车动力需求,从而基于CADC的能量管理策略实现"少"而"优"地利用发动机,即尽量使用清洁高效的电能作为驱动动力源,而在功率需求高或电池电量不足时,为发动机工作在燃油高效区提供动力输出或为动力电池充电。

由于受控对象为功率分流式混合动力汽车,基于CADC的能量管理策略充分利用了功率分流动力系统优势,即通过双行星盘将发动机的工作状态与驾驶工况解耦。从发动机的工作点MAP图4.10可以看出,不管混合动力汽车的驾驶工况如何变化,发动机的工作点总能维持较高的燃油效率(或者不使用发动机)。因此,CADC通过训练完全释放了功率系统的节能减排潜力,使发动机的工作点完全分布在高效经济区间,从而极大减少了发动机的燃油消耗,提升了混合动力汽车的整体节能率。

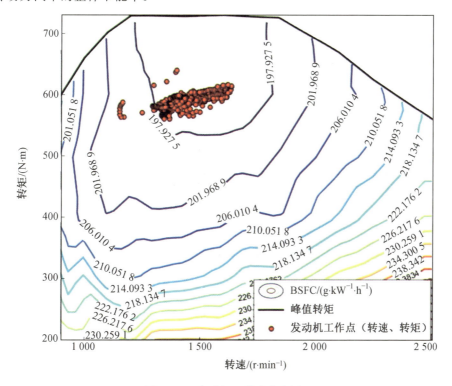

图4.10 发动机工作点分布图

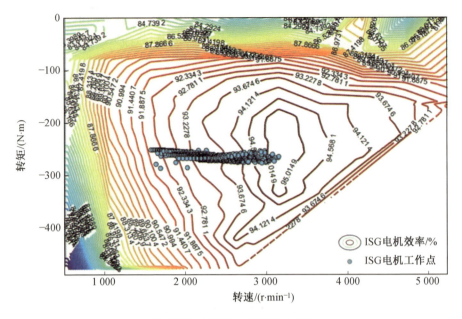

图 4.11 ISG 电机工作点分布图

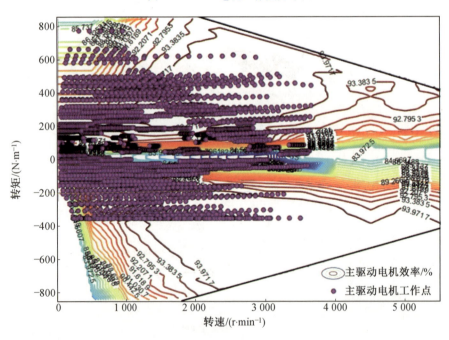

图 4.12 驱动电机工作点分布图

值得注意的是,混合动力汽车的初始 SOC 对于能量管理中发动机的利用有直接影响,同时在实际驾驶中电量初始值无法保持一致,因此在本节中同时验证了在不同初始 SOC(特别是电量不足)条件下,CADC 能否保持发动机高效工作并满足电池 SOC 约束。因此,在本试验中分别将初始 SOC 值设置为 0.4、0.5、0.6、0.7、0.8,将最终几组试验结果的 SOC 轨迹画在图 4.13 中。从图中可以看出,不管初始电量如何,SOC 轨迹总体都保持持续下降的趋势,初始 SOC 值越高,SOC 轨迹下降的平均速率越快。这说明 CADC 通过训练具备了良好的 SOC 全局规划能力,其可以自主根据电池 SOC 状态动态调节油电分配,从而使得 SOC 轨迹保持稳步下降的趋势,即使初始化电量不足(如$SOC_0 = 0.4$)时也能使总体行程内 SOC 维持在阈值下限 0.3 以上,同时避免了前期过度用电导致后期电量不足馈电行驶下引发的高耗能。

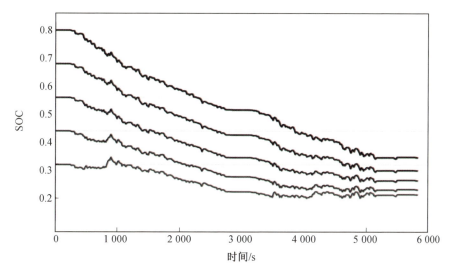

图 4.13 不同初始 SOC 状态下 SOC 轨迹曲线对比

进一步分析不同初始 SOC 状态下行程总能耗差异,表 4.4 中列出了几组试验中总行程的能耗价格、发动机油耗、最终 SOC 与发动机工作频率。从表中可以看出,初始 SOC 越小,发动机工作频率越高,进而油耗越高,总体能耗也越高。其中,发动机工作频率与初始 SOC 接近线性负相关,随着 SOC 逐渐从92.7%变到55.8%,最终 SOC 差别不大,极差仅为 0.09;而随着初始 SOC 的减小终止,SOC 的差别更小。由于相同功耗下电能比燃油的市场价格更低,因此这一工作模式有效提升了能量经济性,同时满足了节能减排的政策导向。这说明 CADC 通过训练习得尽量使用电量,当电量不足时增加发动机的工作时间来维持 SOC 约束限制。

表 4.4　不同初始 SOC 下能量管理性能参数对比

初始 SOC	能耗价格/元	发动机油耗/L	最终 SOC	发动机工作频率
0.80	23.80	2.04	0.42	55.8%
0.70	24.67	2.48	0.38	65.4%
0.60	25.15	2.97	0.35	76.8%
0.50	26.72	3.48	0.33	84.7%
0.40	28.57	4.07	0.31	92.7%

进一步分析初始 SOC 对发动机工作效率的影响,本节将几组试验下发动机功率、BSFC 与工作时长通过箱形图的形式在图 4.14 中进行对比分析。从图中可以看出,发动机功率与 BSFC 在不同初始 SOC 的工况下具有近似的分布,其中发动机功率均值都在 88 kW 左右,平均 BSFC 为 196~197 g/(kW·h),结合发动机燃油效率 MAP 图 4.10 可知几组工作点都位于发动机高效经济区。与此相反,发动机的工作时长随着初始 SOC 下降明显,在总行程时间 5 820 s 的驾驶工况下工作时长分别为 613 s、521 s、447 s、389 s、303 s。这说明 CADC 在不同初始 SOC 下仅改变了发动机工作时间,并未降低发动机的工作效率。

综上所述,CADC 通过强化学习训练将最终策略逼近全局最优,在训练中未遇到的驾驶工况与不同的 SOC 状态下都能有效选择发动机工作时机与工作状态,从而保证发动机燃油消耗率与电池约束限制有效平衡,同时具备较强的泛化能力。

4.3.3　对比验证与工况适应性分析

为验证 CADC 的工况适应性与自学习能力,本节将 CADC 与基于 DP、Actor-Critic、CD-CS 的能量管理策略在两种驾驶工况下进行对比试验,工况速度曲线如图 4.15 所示。其中,DP 采用 [35×500] 的离散化网格对发动机的转矩、转速进行离散化,同时优化过程提前已知未来全部驾驶工况;CD-CS 以 SOC=0.32 作为电量消耗与电量稳持模式切换的判断阈值;Actor-Critic 与 CADC 选用相同的深层网络架构与激活函数,区别是标准值函数下以最小化 TD 误差作为值函数更新目标,如下:

$$\Delta_{TD} = Q(s,a\mid\theta_c) - r - \gamma Q(s',\pi(s'\mid\theta_a)\mid\theta_{c\_old}) \quad (4.15)$$

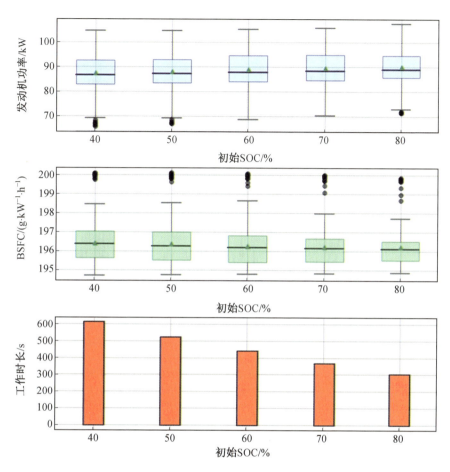

图 4.14 不同初始 SOC 下发动机工作点分布箱形图

表 4.5 中列出了四种对比策略在两种驾驶工况下的经济性指标。从表中可以看出,CADC 在两种工况下分别达到了 95.8% 与 96.5% 的节能率,实现了不依赖未来全局工况下近似于 DP 的全局最优解。特别是,CADC 能量管理策略的输入速度、加速度、SOC 可以直接从 CAN 总线获取,而剩余行驶里程可以根据当前 GPS 位置与规划行驶路线推算,因此 CADC 可以应用于在线能量管理。此外,测试驾驶工况在 CADC 训练中未使用,这说明 CADC 利用深层神经网络强大的泛化能力与强化学习方法的自学习能力保证了其在未知工况下优异的性能表现。

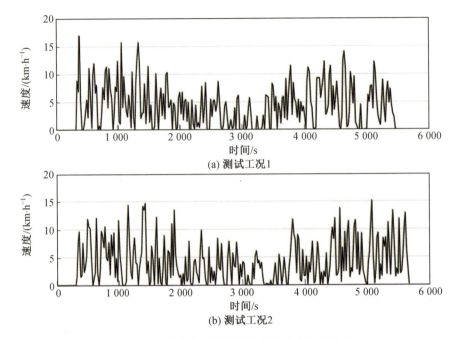

图 4.15　对比试验测试驾驶工况速度曲线图

表 4.5　四种能量管理策略在两种测试工况性能参数对比

驾驶工况	能量管理策略	燃油消耗/L	最终 SOC	能耗价格/元	节能率
工况 1	DP	2.74	0.30	24.65	100%
	CD－CS	3.30	0.31	28.06	86.2%
	AC	3.00	0.30	26.57	92.2%
	CADC	2.97	0.31	25.83	95.8%
工况 2	DP	2.29	0.30	22.06	100%
	CD－CS	2.87	0.31	26.19	81.3%
	AC	2.64	0.30	24.11	90.7%
	CADC	2.42	0.30	22.84	96.5%

此外,从表 4.5 中可以看出,CADC 的节能率明显优于 Actor－Critic,即使这两种方法具有相同的 Actor 网络与 Critic 网络且都基于深度强化学习架构进行参数更新。CADC 在两个工况下的节能率相较于 Actor－Critic 分别提升了 3.6% 与 5.8%。为了探究 CADC 策略优势来源,试验将几组策略下的 SOC 轨迹在图 4.16 中进行对比分析。从图中可以看出,Actor－Critic 与 CD－CS 轨迹相近,而

CADC 与 DP 的 SOC 轨迹更相近。其中，CADC 与 DP 的 SOC 都是随着行程时间逐渐减少，并在行程结束时减少到 SOC 下限阈值 0.3 附近；然而，CADC 的 SOC 轨迹更趋近于线性下降。其主要原因是 DP 在初始点优化时已知未来全部驾驶工况信息，具有未来动力需求总体分布先验，因此，DP 在 SOC 规划时提前对全局电量分配进行了规划；而在实际驾驶在线能量管理策略中，无法预知未来全部驾驶工况。对于 CADC 而言只有未来剩余行驶里程作为 SOC 规划依据，然而未来驾驶工况细节未知，因此能量管理只能根据行程与能耗均值化关联对 SOC 进行规划，导致全局 SOC 轨迹趋近于线性。这也说明未来车路协同控制体系下，结合交通路网状态（特别是未来行驶路线状态）作为 CADC 输入，其节能减排能力仍有提升潜力。另一方面，Actor-Critic 在试验中的 SOC 轨迹近似于 CD-CS，也进一步佐证第 3 章中远期稀疏奖励 $r(s_t, a_t) + \gamma r(s_{t+1}, a_{t+1}) + \cdots + \gamma^T r(s_{t+T}, a_{t+T})(0 < \gamma < 1)$ 下，强化学习难以意识到远期电量不足的风险。CADC 与第 3 章提出的 APO 方法都实现了全局 SOC 规划，区别是 CADC 未直接估计远

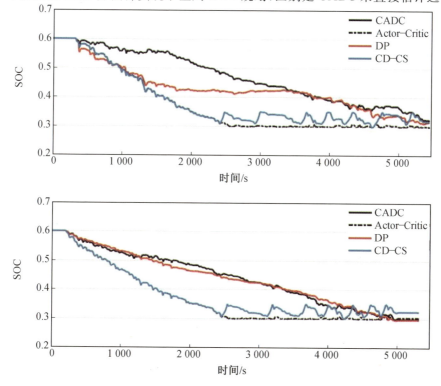

图 4.16　四种能量管理策略下的 SOC 轨迹曲线

期电量短缺概率,而是通过前期训练中当电池电量不足时 Watchdog 机制触发 Coach 代替 RL 决策并输出约束惩罚,最终通过拉格朗日值函数 $Q_L(s_t,a_t)$ 中独立更新的 $Q_r(s_t,a_t)$、$Q_p(s_t,a_t)$ 来避免电量短缺问题产生,从而使得 CADC 避免了标准强化学习方法 Actor-Critic 可能陷入局部最小值的问题。

4.4 本章小结

本章提出了一种基于深度强化学习算法的插电式混合动力汽车在线控制与离线训练能量管理框架 Coach-Actor-Double-Critic(CADC)。针对连续状态和动作空间下 RL 训练的约束马尔可夫决策过程,提出了一种基于拉格朗日松弛的优化方法。采用基于神经网络的能量管理策略 Actor 和基于规则的能量管理策略 Coach,根据插电式混合动力汽车的状态进行能量分配。相同结构的双神经网络 Critic 对 Actor 的性能进行评估,鼓励直接输出满足约束条件的可行解,同时提高燃油效率。两种网络可以根据车载控制单元记录的真实驾驶工况下的经验数据进行有效学习,并通过车联网传输到云端训练,解决训练安全性和过高估计偏差问题,最终实现能量管理策略的在线安全优化。

本章以都柏林 16 号公交的 GPS 轨迹数据为例,对某功率分流式插电式混合动力汽车进行了测试验证。试验结果表明,该算法在训练过程中能够通过基于规则的策略来降低能量消耗,保证了训练的安全性,避免了局部最小问题。综合试验表明,在不同初始荷电状态下,CADC 能够解决全局荷电状态规划问题,从而避免了电池短缺导致的插电式混合动力汽车行驶过程中的局部极小值问题。通过对不同初始荷电状态下发动机工作状态的分析,说明了在保证发动机燃油效率的前提下,CADC 学会了根据荷电状态全局调整发动机工作时间。将三种典型的能源管理策略(DP、Actor-Critic 和 CD-CS)与提出的 CADC 进行了比较,结果表明,在复杂和不确定的驾驶条件下,CADC 具有良好的适应性和鲁棒性,其性能相较于 Actor-Critic 和 CD-CS 分别提升了 3% 和 20%,节能率达到 95% 以上。

本章参考文献

[1] TANG L, RIZZONI G, ONORI S. Energy management strategy for HEVs including battery life optimization[J]. IEEE transactions on transportation electrification, 2015, 1(3):211-222.

[2] WAGENER N, BOOTS B, CHENG C A. Safe reinforcement learning using advantage-based intervention[EB/OL]. 2021:2106.09110. https://arxiv.org/abs/2106.09110v2.

[3] LIAN R Z, PENG J K, WU Y K, et al. Rule-interposing deep reinforcement learning based energy management strategy for power-split hybrid electric vehicle[J]. Energy, 2020, 197:117297.

[4] WACHI A, SUI Y N. Safe reinforcement learning in constrained markov decision processes[J]. International conference on machine learning, 2020: 9797-9806.

第 5 章 网联混合动力汽车节能驾驶控制方法研究

第 3 章与第 4 章重点提出了能量管理策略,着眼于混合动力车队中动力系统层面的节能优化,即在特定的车速条件下通过动力系统转矩分配提升驱动元件的工作效率,而不涉及车辆运动层面的节能优化。受到实际驾驶环境的不确定性影响,车辆运动层面的驾驶行为差异对混合动力汽车能耗的影响甚至高于动力系统层面的动力分配[1]。自适应巡航控制作为车辆辅助驾驶的一项关键技术,在车队行驶模式中应用广泛,在提高安全性和舒适性的同时为车辆节能驾驶提供基础[2]。对于混合动力汽车节能驾驶,自适应巡航控制与能量管理控制过程耦合,如何深度融合两者、减少冗余、充分释放节能优化潜力是本章研究重点。

大量的研究已经证明了自适应巡航(ACC)与能量管理系统(EMS)协同控制对提升混合动力汽车燃油经济性的潜力。例如,Kural 等人将基于 MPC 的 ACC 集成到 EMS 中,用于自动预测车辆速度和加速度,通过预估电池能量,必要时采用放电策略充分回收制动能量[3]。Li 等人提出了一种基于启发式动态规划的 ECO-ACC 方法,使 ACC 与 EMS 形成串联控制架构[4]。这些方法中 ACC 与 EMS 相互独立,ACC 负责纵向速度控制,而 EMS 只能根据 ACC 输出的加速度进行能量分配,ACC 和 EMS 按照各自独立的目标函数优化(或训练),不能充分利用 ACC 与 EMS 协同控制的优势。即使在 ACC 的目标函数中可以引入特定的优化项来减少不必要的加减速,以避免不良驾驶行为下的额外能耗,但考虑到插电式混合动力汽车动力传动系统中动力源的工作状态与效率之间存在非线性关系,最优加速度无法仅通过外部工况来确定。与此相反,另一类 ACC 与 EMS 一体化控制架构由于状态-动作高维空间与高度非凸目标函数,其策略优化复杂度过高,因此该类方法受到维数灾难的影响只能用于离线计算,无法在实车控制器中应用。

为此，本章旨在研究混合动力汽车速度控制与动力系统能量分配的耦合关系，针对 ACC 与 EMS 协同控制问题的复杂约束和多时间尺度优化难点，利用分层强化学习从宏观规划与微观控制对控制任务进行分解，在保留控制对象天然耦合特性的同时降低策略优化复杂度。

5.1 混合动力汽车节能驾驶数学建模

插电式混合动力汽车跟驰场景如图 5.1 所示，受控车辆根据车载传感器或车－车通信获取前车相对位置，以特定距离 l 保持跟驰行驶，实现提高驾驶安全性、提高交通通行效率与提高燃油经济性等多目标协同优化，其跟驰距离可以看作由两部分组成：

$$l = s + \tau \cdot u \tag{5.1}$$

式中，s 表示驻车间距；τ 表示车头时距；u 表示受控车辆的速度。根据第 2 章中的定义，为了保证驾驶安全，本节将最小的车头时距设为 0.8 s，驻车间距设为 2 m；考虑交通通行效率，最大跟驰距离对应的驻车间距为 8 m，最大车头时距设为 1.2 s。因此，跟驰距离必须满足 $l_{\max} \geqslant l \geqslant l_{\min}$，其中 $l_{\min} = 2 + 1.2u$，$l_{\max} = 8 + 2u$，在节能驾驶中跟驰距离的优化范围可以表示为

$$\hat{l}_{\min} = \alpha\, l_{\max} + (1-\alpha)\, l_{\min} \tag{5.2}$$

$$\hat{l}_{\max} = \alpha\, l_{\min} + (1-\alpha)\, l_{\max} \tag{5.3}$$

式中，$\hat{l}_{\min}$ 与 $\hat{l}_{\max}$ 为节能驾驶中跟驰距离的优化上下界阈值；α 为调节系数，$\alpha \in [0, 0.5]$，根据驾驶员偏好选择优化空间范围。

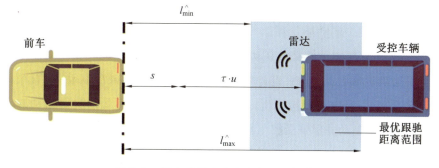

图 5.1 插电式混合动力汽车跟驰场景图

考虑受控车辆动力系统中机械耦合，跟驰车辆系统状态动作空间将扩展到

驱动元件的工作状态。对于图 4.4 中所示的双行星盘混合动力系统,驱动轴的动力由发动机与驱动电机提供,同时超过动力需求的额外功率通过 ISG 电机为动力电池充电,这一动力系统中各驱动元件的转速满足下式:

$$W_d = \frac{1+k_1}{k_1} W_e - \frac{1}{k_1} W_g = \frac{1}{1+k_2} W_m = \frac{2\pi ui}{r_w} \quad (5.4)$$

式中,k_1 与 k_2 分别为双行星盘的两组太阳轮与行星轮的齿数比;r_w 为驱动车轮半径;i 为主减速器的减速比。

驱动轴的驱动转矩 T_d 可以按下式计算:

$$T_d = (1+k_2) T_m + \frac{k_1}{1+k_1} T_e \quad (5.5)$$

阻抗扭矩包含摩擦阻力扭矩、重力阻力扭矩与空气阻力扭矩。因此,总阻抗扭矩 T_l 可以按下式计算:

$$T_l = \left[\frac{C_d A}{21.15} u^2 + mg(\sin\theta + f\cos\theta) \right] \cdot r_w \quad (5.6)$$

式中,A 为车辆横截面面积;C_d 为空气阻力系数;m 为车辆整备质量;θ 为行驶道路坡度;f 为道路摩擦阻力系数。进而,车轮驱动转矩 T_w 可以计算如下:

$$T_w = \left[(1+k_2) T_m + \frac{k_1}{1+k_1} T_e \right] \cdot i - T_l - T_b \quad (5.7)$$

因此,驱动车辆的加速度 a_h 是由车轮的驱动转矩 T_w 提供,进一步可以看作发动机转矩 T_e、驱动电机转矩 T_m 与制动转矩 T_b 三者的加权和,计算如下:

$$a_h = \frac{\left[(1+k_2) T_m + \frac{k_1}{1+k_1} T_e \right] \cdot i - T_l - T_b}{m\delta} \quad (5.8)$$

式中,δ 为转动惯量换算因子。

为了尽量减少制动能量耗散并利用能量管理回收制动转矩,节能驾驶中应尽量减少采用液压制动器提供制动转矩 T_b,而采用驱动电机回收制动能量。因此,当跟驰距离满足安全约束范围时,动力系统将不采用液压制动;只有当跟驰距离超过了最小优化上界阈值 $l_{min}^{\sim}$ 且电机制动转矩 T_m 不足以提供制动减速度时,才启动液压制动并保证受控车辆以最大减速度 a_{min} 快速制动,从而保证驾驶安全。因此,车辆的加速度与液压制动转矩在两种场景下可以计算如下:

$$\begin{cases} a_{\mathrm{h}} = \dfrac{\left[(1+k_2)\,T_{\mathrm{m}} + \dfrac{k_1}{1+k_1}\,T_{\mathrm{e}}\right] \cdot i - T_1}{m\delta},\ T_{\mathrm{b}}=0 & \forall\, l \geqslant \hat{l_{\min}} \\ a_{\mathrm{h}} = a_{\min},\ T_{\mathrm{b}} = \left[T_1 - a_{\min} m\delta - (1+k_2)\,T_{\mathrm{m}} + \dfrac{k_1}{1+k_1}\,T_{\mathrm{e}}\right] \cdot i & \forall\, l < \hat{l_{\min}} \end{cases}$$
(5.9)

综上,混合动力汽车在跟驰中的纵向控制问题可以看作三自由度控制问题,其包含三个连续控制变量:发动机转速 W_{e}、发动机转矩 T_{e} 与驱动电机转矩 T_{m}。最优的节能驾驶控制策略即是通过控制 W_{e}、T_{e}、T_{m} 来最小化行程内的能量消耗,同时保证跟驰距离,满足优化阈值范围,并使动力系统驱动元件满足物理约束限制。公式如下所示:

$$\begin{cases} l_{\min} \leqslant l \leqslant l_{\max} \\ 0 \leqslant W_{\mathrm{e}} \leqslant W_{\mathrm{e}_{\max}} \\ 0 \leqslant W_{\mathrm{m}} \leqslant W_{\mathrm{m}_{\max}} \\ 0 \leqslant W_{\mathrm{g}} \leqslant W_{\mathrm{g}_{\max}} \\ 0 \leqslant T_{\mathrm{e}} \leqslant T_{\mathrm{e}_{\max}}(W_{\mathrm{e}}) \\ T_{\mathrm{m}_{\min}}(W_{\mathrm{m}}) \leqslant T_{\mathrm{m}} \leqslant T_{\mathrm{m}_{\max}}(W_{\mathrm{m}}) \\ T_{\mathrm{g}_{\min}}(W_{\mathrm{g}}) \leqslant T_{\mathrm{g}} \leqslant T_{\mathrm{g}_{\max}}(W_{\mathrm{g}}) \\ \mathrm{SOC} \geqslant \mathrm{SOC}_{\min} \end{cases}$$
(5.10)

在实际驾驶过程中,车辆总行程包含多段自由流与跟驰驾驶过程,因此单个跟驰过程中应避免将电池电量耗尽。考虑电池 SOC 与内阻关系,在本章中将电池 SOC 约束阈值设为 0.4,保证跟驰不会带来电池充放电效率衰减。不考虑电池温度变化与电池衰退的影响,电池 SOC 可以根据安时积分法(即式(2.17))计算。不考虑空调等电附件的能耗,电池输出功率 P_{b} 可以看作驱动电机与 ISG 电机功率的总和,计算公式如下:

$$P_{\mathrm{b}} = e_{\mathrm{g}} W_{\mathrm{g}} T_{\mathrm{g}} + e_{\mathrm{m}} W_{\mathrm{m}} T_{\mathrm{m}} \qquad (5.11)$$

式中,e_{g} 与 e_{m} 分别为转矩、转速与电机效率对应的非线性插值函数 $f_1(W_{\mathrm{g}}, T_{\mathrm{g}})$ 与 $f_2(W_{\mathrm{m}}, T_{\mathrm{m}})$,效率插值函数根据台架试验获取,如图 2.6(a) 与 2.6(b) 所示。

根据约束马尔可夫决策过程,混合动力汽车跟驰控制可以看作离散时间序列的决策过程。在每一个时间步长下,混合动力系统中驱动元件执行控制信号

$a(a \in \mathcal{A})$,从而受控车辆与前车的状态从 $s(s \in \mathcal{D})$ 转移到 $s'(s' \in \mathcal{D})$。根据上述分析,控制策略寻优为带约束 C^* 三自由度连续控制优化控制问题。当所有约束条件 C^* 都满足不等式(5.10)时,受控车辆所有控制都为满足驾驶安全与通行效率的可行解,将所有可行解集合定义为可行解空间 $\hat{A}(\hat{A} \in \mathscr{A})$,其包含发动机转速 W_e、发动机转矩 T_e 与驱动电机 T_m,这三个控制变量组成控制变量 a。混合动力汽车跟驰过程的节能优化控制可以看作在可行解空间中选择最优控制动作 $a^*(a^* \in \hat{A})$,进而减少行程的能量消耗 $E[\sum_{t=0}^{t=\infty} m_f(T_e, W_e)]$。

5.2 混合动力汽车节能驾驶控制架构

5.2.1 ACC 与 EMS 的串联控制架构

传统混合动力汽车跟驰节能优化控制是通过自适应巡航(ACC)与能量管理系统(EMS)实现的,ACC 与 EMS 通过串联控制架构相互配合。以上述构型的混合动力汽车为控制对象,ACC 与 EMS 的串联控制将所述的三自由度控制问题拆分成两个控制子问题。其中,ACC 作为上层控制输出车辆加速度 a_h,解决一个自由度优化控制;下层 EMS 将 ACC 输出的控制信号 a_h 作为约束,则根据约束方程(5.9),在给定加速度 a_h 下,驱动电机转矩 T_m 可以由发动机转矩 T_e 提前确定,从而 EMS 控制发动机转矩 T_e 与转速 W_e,形成二自由度控制问题。因此,ACC 与 EMS 的串联控制(简称 ACC + EMS)将目标控制问题简化为两个独立子问题求解。其中,上层 ACC 只需保证车辆动力约束与跟驰距离约束 $l_{min} \leqslant l \leqslant l_{max}$,而公式(5.10)中混合动力系统约束由 EMS 来满足。

对于 ACC 的运动控制问题来说,系统可以定义为由状态向量、控制动作与外部扰动组成的随机时变系统,则状态空间模型线性转移模型如下:

$$\begin{cases} \dot{s}_1 = A_1 s_1 + B_1 a_1 + D_1 d_1 \\ s_1 = [l, u]^T \\ a_1 = a_h \\ d_1 = u_p \end{cases} \quad (5.12)$$

式中,u_p 为前车速度;A_1、B_1、D_1 分别为

$$\boldsymbol{A}_1 = \begin{bmatrix} 0 & -1 \\ 0 & 0 \end{bmatrix}, \quad \boldsymbol{B}_1 = \begin{bmatrix} 0 \\ 1 \end{bmatrix}, \quad \boldsymbol{D}_1 = \begin{bmatrix} 1 \\ 0 \end{bmatrix} \tag{5.13}$$

同时,控制中需要满足约束条件C_1:

$$\begin{cases} l_{\min} \leqslant l \leqslant l_{\max} \\ a_{\mathrm{hmin}} \leqslant a_\mathrm{h} \leqslant a_{\mathrm{hmax}} \end{cases} \tag{5.14}$$

式中,最大加速度a_{hmax}由动力系统输出最大转矩与阻力扭矩决定:

$$a_{\mathrm{hmax}} = \frac{\left[(1+k_2)T_{\mathrm{m_{max}}} + \dfrac{k_1}{1+k_1}T_{\mathrm{e_{max}}}\right] \cdot i - T_1}{m\delta} \tag{5.15}$$

值得注意的是,发动机与电机的当前状态最大转矩$T_{\mathrm{e_{max}}}$与$T_{\mathrm{m_{max}}}$并非常数,而是由其转速W_e与W_m决定的,特别是对于研究对象功率分流混合动力系统,发动机转速W_e与工况完全解耦,因此在 ACC 控制中W_e本身也是未知系统扰动。在 ACC 优化控制中,通常将最大加速度a_{hmax}简化为常数$a_{\mathrm{h\ max}}^C$,保证有$a_{\mathrm{hmax}} \leqslant a_{\mathrm{h\ max}}^C$,即当前整车加速度$a_\mathrm{h}$下能量管理控制有解,但同时限制了下层能量管理优化空间。

因此,ACC + EMS 通过串联两个控制子问题将控制动作空间分解从而使得控制策略优化中更容易获取可行解$\hat{a}(\hat{a} \in \hat{A})$,但同时它使得最优控制动作$a^*(a^* \in \hat{A})$更难实现。除了约束边界限制导致优化空间压缩以外,ACC 输出整车加速度a_h会对下层 EMS 控制动作寻优带来硬性约束,a_h选择优劣将直接影响整体策略的上限。此外,对于跟驰节能优化整体目标的最优整车加速度a_h^*,无法仅通过上层 ACC 直接判定。在 ACC 输出相同控制动作a_h^*作为加速度约束下,下层 EMS 控制动作发动机转矩T_e与转速W_e组成的动作空间中仍有大量可行解,进而导致 ACC 同一动作对应最终能耗仍未知,因此在 ACC 的优化过程中能耗只依赖于下层 EMS 控制,转矩T_e与转速W_e作为系统扰动下的预测期望,如下式所示:

$$J = E \sum_{t=0}^{t=\infty} \sum_{i \in \mathbb{I}} \left[p_i(T_{\mathrm{e}_i}, W_{\mathrm{e}_i} \mid a_{\mathrm{h}_t}) r_t(T_{\mathrm{e}_i}, W_{\mathrm{e}_i} \mid a_{\mathrm{h}_t}) \right] \tag{5.16}$$

式中,$p_i(T_{\mathrm{e}_i}, W_{\mathrm{e}_i} \mid a_{\mathrm{h}_t})$为发动机工作点分布概率,即在整车加速度为$a_\mathrm{h}$时 EMS 输出特定发动机转矩$T_{\mathrm{e}_i}$与转速$W_{\mathrm{e}_i}$的概率。在混合动力汽车实际驾驶中,ACC 难以估计考虑 EMS 控制后的能耗,而是通常以加速度与能耗关系经验代替能耗估计作为优化目标,典型方式如文献[4]避免频繁加减速。但是,这种 ACC + EMS 串联控制方式只能实现次优的解决方案,因为加速度 a_h 只在运动能耗层面进行优化。

5.2.2　ACC 与 EMS 的一体化控制架构

为了突破串联控制的优化上限,新型节能跟驰控制策略考虑将 ACC 与 EMS 进行深度融合,形成一体化控制系统,称为 ACC − EMS。ACC − EMS 直接输出动力系统底层三自由度的控制变量 W_e、T_e、T_m,没有独立 ACC 进行加速度控制,而是直接控制动力元件的工作状态进而实现运动控制,则系统动态模型可以描述为

$$\begin{cases} \dot{s}_2 = F(s_2, a_2, d_2) \\ s_2 = (l, u, \text{SOC})^\text{T} \\ a_2 = (T_e, W_e, T_m)^\text{T} \\ d_2 = u_p \end{cases} \quad (5.17)$$

式中,

$$F = \begin{bmatrix} d_2 - s_{22} \\ \dfrac{\left((1+k_2)\, a_{23} + \dfrac{k_1}{1+k_1}\, a_{21}\right) \cdot i - \left(\dfrac{C_D A}{21.15} s_{22}^2 + mg(\sin\theta + f\cos\theta)\right) \cdot r_w}{m\delta} \\ \dfrac{V_{oc} - \sqrt{V_{oc}^2 - 4 R_{int} \left(e_g\left((1+k_1)\, a_{22} - \dfrac{2\pi\, k_{1i}}{r_w} s_{21}\right)\left(-a_{22}\dfrac{1}{1+k_1}\right) + e_m\left(\dfrac{2\pi i}{r_w(1+k_2)} s_{22}\right) a_{23}\right)}}{2 R_{int} Q_c} \end{bmatrix}$$

(5.18)

从状态转移函数可以看出,ACC − EMS 具有高度非线性特征,其优化为一个多项式复杂程度的非确定性(non − deterministic polynomial,NP)问题,计算量大,无法用线性规划方法求解。

然而,相比于 ACC + EMS 的串联控制架构,ACC − EMS 的目标函数 $E\sum\limits_{t=0}^{t=\infty} r_t(W_e, T_e, T_m)$ 中每一个时间步长的能耗是由控制动作 $a = \{W_e, T_e, T_m\}$ 唯一确定的,从而保证优化目标有潜力达到理论全局最优值。尽管奖励函数中瞬时能耗无须通过模型估计,然而 ACC − EMS 的控制策略优化复杂度相比于 ACC + EMS 高了数倍。除了非线性模型导致计算复杂度增加以外,由于高维连

续的可行解空间$\hat{A}$难以探索,特别是在约束条件中跟驰距离$l_{min} \leqslant l \leqslant l_{max}$、电池电量$SOC \geqslant SOC_{min}$,动力系统转矩转速构成控制动作$a_t$只有在控制序列$a_0$, $a_1,\cdots,a_t$长期累计作用下才有显著影响效果。这使得通过直接控制W_e、T_e、T_m保证安全高效的跟驰距离难度更大,因此现有ACC-EMS相较于单个ACC与EMS计算负荷急剧增加,从而限制其在实车控制中的应用。

5.2.3 串联与一体控制架构对比试验验证

为了验证ACC+EMS串联控制与ACC-EMS一体控制架构的优劣,本节利用离线全局最优的动态规划(DP)来验证理论最优与计算复杂度。DP原理依据最优控制序列的子集仍为最优,那么对于最小目标函数$J(\pi) = \sum_{t=0}^{\infty} r_{t+1}(s_t)$对应的控制序列,以其中任一时刻$T=n$为起点到终止状态的控制序列$\pi^* = (u_1^*, u_2^*, u_3^*, \cdots, u_T^*)$仍为最优,其原理如5.2所示。

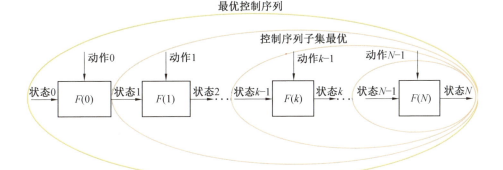

图5.2 动态规划原理图

在DP求解过程中,从最终状态s_T倒推至上一时刻$t=T-1$,所有可能的状态空间$s_{T+1}(k) \in S(o \in [1,2,\cdots,n])$转移到状态$s_T$的动作空间中,可以确定状态$s_{T-1}(k)$对应最优控制变量如下式所示:

$$u_k^{s_{T-1}} = \underset{u \in U}{\arg\max}\, r(s_{T-1}, u_k) \tag{5.19}$$

式中,$r(s_{T-1}, u_k)$表示本次时间步长下的即时奖励,则对于第$N-1$时间步长下的最优子空间的目标函数为

$$J_{T-1}^*(x_{T-1}) = \underset{u_{T-1}}{\max}[r(s_{T-1}, u_{T-1})] \tag{5.20}$$

通过递推可知,第 k 步对应最优子空间的目标函数为

$$J_k^*(x_k) = \max_{u_k}[r(s_k, u_k) + J_{k+1}^*(x_{k+1})] \tag{5.21}$$

式中,$J_k^*(x_k)$ 和 $J_{k+1}^*(x_{k+1})$ 表示第 k 步和第 $k+1$ 步对应的最优子空间目标函数。因此,DP 从最后一个时间步长开始,遍历离散状态空间可以达到最终状态的状态值 $[x_{N-1}(1), x_{N-1}(2), \cdots, x_{N-1}(M)]$,并计算每个状态转移最优动作 $[u_{N-1}^*(1), u_{N-1}^*(2), u_{N-1}^*(3), \cdots, u_{N-1}^*(M)]$ 对应的目标函数 $[J_{N-1}^*(1), J_{N-1}^*(2), J_{N-1}^*(3), \cdots, J_{N-1}^*(M)]$,保存目标函数与动作对应矩阵。然后同理,不断向后递推直到第一个时间步长,从矩阵中选取最大目标函数 J_1^*,然后向前找出最大目标函数 J_1^* 每一个时间步长动作序列 $[u_1^*, u_2^*, u_3^*, \cdots, u_{N-1}^*]$,该序列即为全局最优控制序列。

在本节中将 ACC+EMS 与 ACC-EMS 通过 DP 分别求解,系统扰动(前车速度曲线 u_p)作为先验知识在 DP 求解前已知,那么 DP 最终可以达到两种控制架构的理论离线全局最优。在试验中,采用曼哈顿标准工况进行验证,ACC+EMS 分别进行两次 DP 求解,首先在 ACC 优化控制阶段根据前车速度曲线输出自身跟驰速度曲线,接着 EMS 根据跟驰速度曲线与电池 SOC 分配动力系统驱动元件的转速、转矩;而 ACC-EMS 中仅通过一次 DP 求解计算动力系统驱动元件的转速转矩输出。试验中电池初始状态 SOC 设置为 0.5,为了验证能量管理效果有效性,电池终止 SOC 也设定为 0.5,从而验证发动机工作分配的效果。此外,还分别统计了两种算法求解所消耗的计算时间,来对比两种架构的计算负荷,最终结果见表 5.1。

表 5.1 ACC+EMS 与 ACC-EMS 控制效果对比

控制方式	燃油消耗 /L	求解时间 /s
ACC+EMS	1.12	(ACC)86.8+(EMS)122.5 = 209.3
ACC-EMS	0.98	3 013.3

从表 5.1 中可以看出,ACC+EMS 最终能耗比 ACC-EMS 高了近 14.3%,而 ACC-EMS 所消耗的求解时间却是 ACC+EMS 两个阶段总和的十几倍。这是因为:尽管 ACC+EMS 中进行了两次 DP 求解,但是由于两阶段控制将总体求解空间分解,因此总计算负荷较小;相反,对于 DP 直接求解 ACC-EMS,三维连续状态与三维连续动作构成离散后求解空间庞大,在 DP 后向遍历中产生了巨大

计算负荷。这也是尽管 ACC＋EMS 无法实现全局最优,但考虑到实车控制的计算负荷,仍以牺牲一部分经济性为代价使用这种串联控制的架构分步执行速度控制与能量分配的原因。

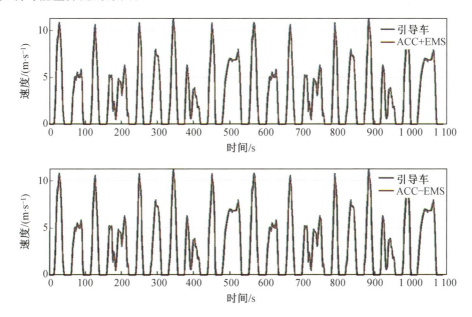

图 5.3　ACC＋EMS 与 ACC－EMS 跟驰速度曲线对比图

从混合动力汽车动力系统工作状态进一步分析,根据跟驰速度曲线对比图 5.3 可以看出,两种控制架构都在跟驰过程中避免了前车加减速带来的速度震荡,而 ACC＋EMS 的速度曲线更加平滑。然而最终 ACC＋EMS 的能耗比 ACC－EMS 更高,可见在 ACC＋EMS 串联控制中,尽管 ACC 与 EMS 都是用离线全局最优 DP 求解,但由于 ACC 控制中未考虑动力系统的驱动元件工作状态,因此其串联控制架构导致上层 ACC 输出的速度并非对于发动机与电机转速、转矩分配的最优解。

通过电池 SOC 轨迹图 5.4 对比可以看出,尽管 ACC＋EMS 与 ACC－EMS 的初始 SOC 与终止 SOC 相同,但是电池 SOC 轨迹不完全一致,而 ACC－EMS 电池充放电幅度更大。结合发动机工作点分布对比图 5.5 可以看出,ACC－EMS 工作点分布在高效工作区的比例更高。因此,ACC＋EMS 上层 ACC 输出的速度对下层 EMS 产生了硬性约束,导致其驱动元件无法避免低效的工作模式。

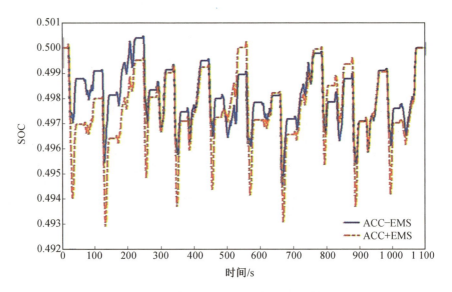

图 5.4　ACC＋EMS 与 ACC－EMS 电池 SOC 轨迹对比图

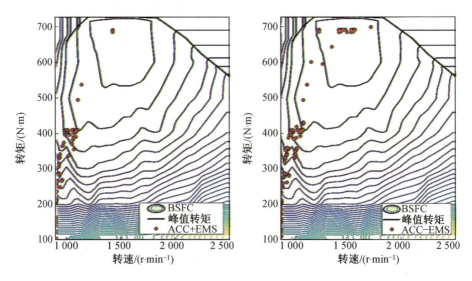

图 5.5　ACC＋EMS 与 ACC－EMS 发动机工作点分布对比图

综上所述,一体化 ACC－EMS 的端到端优化可以实现理论全局最优,但其本质 NP 问题计算量大。而串联控制框架 ACC＋EMS 本质上是将 ACC－EMS 简化为两个子问题 ACC 和 EMS,以满足实时控制需求;然而,将耦合优化目标和控制变量粗分解为两个串联的控制步骤,从根本上限制了其最优性。因此,目前的两种架构都未能完全适用于实车在线控制。

5.3　基于分层强化学习的节能驾驶策略

通过前面对插电式混合动力汽车跟随过程的分析，可以看出 ACC 与 EMS 协同优化的主要难点在于插电式混合动力汽车跟随过程的运动规划与能量管理内在耦合，基于分层强化学习的节能驾驶策略总体思路如图 5.6 所示。ACC－EMS 一体控制架构中存在两个层次的长期规划：跟驰运动规划和电池 SOC 管理。这两个层次的规划是耦合关系，混合动力车辆运动必然伴随能量状态转移，例如在速度及加速度较高、动力需求较大时，对应能源消耗更大。此外，ACC 与 EMS 在底层控制也存在内部耦合，从公式(5.8)可以看出加速度与动力系统各驱动元件的输出转矩直接相关。

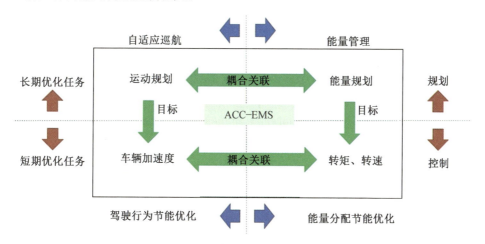

图 5.6　基于分层强化学习的节能驾驶策略总体思路

ACC＋EMS 串联控制架构的本质缺陷是将长期规划－实时控制过程分为车辆级和动力系统级两部分。该架构将 ACC－EMS 分解为串联控制子系统，ACC 和 EMS 如图 5.6 中蓝色箭头所示，其中 ACC 优化运动能量，EMS 优化功率能量。在串联控制子问题中，车辆运动与动力系统能量分配的耦合关系被粗暴地分解为两部分，导致其节能优化能力受限，只能实现次优解决方案。此外，无论是 ACC 还是 EMS 都存在着长期规划和实时控制，在各自优化控制过程中仍难以依赖全局工况信息，同时下层 EMS 给上层 ACC 优化目标估计带来扰动。因此，本书不将控制过程划分为运动控制和能量分配，而是提出一个按照任务需求将控制过程划分为规划层和控制层的分层策略框架。

考虑到 ACC 控制过程与 EMS 控制过程之间的内在耦合关系,本章提出了基于优化时间尺度的子策略划分方法。正如图 5.6 中红色箭头所示,一个基于分层强化学习(hierarchical reinforcement learning,HRL)的 ACC－EMS 策略,取名为 Manager－Worker(MW)。HRL 是利用行为抽象层次 决策实现分级策略优化的方法[5]。HRL 的算法原理根据任务目标可以以自上而下的方式产生,目标设置可以从目标实现中分离出来;分层结构中的上层策略向下层策略仅传达待实现的目标,而不指定如何实现。HRL 的主要优点是:高层的策略在更高维的抽象空间处理长期计划,自然地将控制层构造为规划层扩展的子策略。基于此,本书将 HRL 框架引入集成 ACC－EMS 的协同优化,实现满足实时控制需求的节能驾驶策略。

5.3.1 集中训练与分层执行的 ACC－EMS 架构

基于分层强化学习的 ACC－EMS 策略可以看作对约束马尔可夫决策过程求解,控制策略架构如图 5.7 所示。本章所提出基于分层强化学习的 ACC－EMS 控制架构结构包括 Manager π^{hi} 和 Worker π^{lo} 两层控制策略。区别于 ACC＋EMS 串联控制架构,所提策略中规划层策略 Manager π^{hi} 不直接输出控制信号,而是为执行层策略 Worker π^{lo} 输出一个短期规划目标 g。执行层策略 Worker π^{lo} 的目标是通过控制动作 a 来完成目标 g。

因此,在这一架构中,规划层策略 Manager 用于为执行层策略 Worker 设定预期目标,而执行层策略 Worker 用于调整控制动作以实现 Manager 所设定的目标。与现有的 ACC＋EMS 分级控制框架相比,分层强化学习具有分层策略决策和非分层级控制执行。Manager 的输出将不对 Worker 控制产生硬性的约束边界,而是通过设定预期目标作为参考状态转换,进而鼓励 Worker 通过控制发动机和电机的转速、转矩令系统状态达到预期目标,其间所有的控制动作由 Worker 独立决策并直接输出。这样,所提出的控制策略就将复杂的 ACC－EMS 任务分解为宏观规划和微观控制两个子问题,而不是将其控制对象解耦为 ACC 和 EMS。

根据图 5.7 可以看出,Manager 与 Worker 的策略优化可以在两个独立的强化学习过程中进行。在 Manager 策略参数优化中,只有 Manger 策略本身作为智

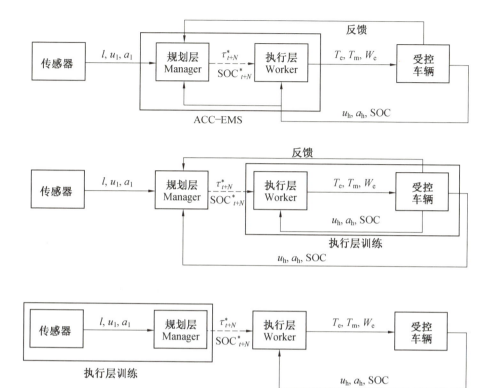

图 5.7　基于分层强化学习的节能驾驶控制策略架构图

能体，Worker 在执行控制时受控车辆运动能量变化看作环境在当前输出目标 g 下的状态转移；在 Worker 策略参数优化中，只有 Worker 作为智能体，Manager 输出的目标 g 视为环境状态。进而根据第 3 章，强化学习架构将 Manager 训练视为以 $s、g、r^{hi}、s'$ 智能体与环境交互数据下策略梯度更新，而 Worker 则视为 $s\mid g$、$a、r^{lo}、s'\mid g'$ 环境交互数据训练下策略梯度更新。其中，状态 s、目标 g、动作 a、规划层奖励 r^{hi}、执行层奖励 r^{lo} 分别定义如下。

(1) 状态。

本章选取 8 维状态变量 s 作为影响安全性与经济性的主要因素。首先，选择当前车速 u_t 和加速度 $\dot{u}_t$ 来表示受控车辆的动态特性。然后，将前车前三个时间步长内的速度 $v_t、v_{t-1}、v_{t-2}$ 和当前跟随距离 l 作为状态，判断跟驰过程中相对运动状态。最后，根据电源状态选择电池荷电状态 SOC 和剩余燃料 f_e。此外，为了避免变量量纲影响，将每个状态变量都归一化为 $[0,1]$ 范围。

(2) 目标。

目标 g 由两个变量组成,分别表示 SOC 和跟随时距在一段时间后的预期位置,分别记为 SOC_{t+n}^* 和 τ_{t+n}^*。换句话说,π^{hi} 为 π^{lo} 设定了一个目标 g,即电池 SOC 消耗的电量与跟驰距离预期值,然后 π^{lo} 进一步试图通过控制动力系统各部件的工作点来实现该目标。

(3) 动作。

如 5.2 节所述,ACC-EMS 可以看作一个具有三个控制变量(发动机转速 W_e、发动机转矩 T_e、驱动电机转矩 T_e)的三自由度控制问题。考虑发动机和电机的约束条件,采用一个三维动作变量表示控制变量的比率因子:

$$\begin{cases} W_e = W_{e_{min}} + a_1 * (W_{e_{max}} - W_{e_{min}}) \\ T_e = T_{e_{min}} + a_2 * (T_{e_{max}} - T_{e_{min}}) \\ T_m = T_{m_{min}} + a_3 * (T_{m_{max}} - T_{m_{min}}) \end{cases} \quad (5.22)$$

式中,$W_{e_{min}}$、$W_{e_{max}}$ 和 $T_{e_{min}}$ 分别取 900 r/min、2 000 r/min 和 100 N·m,以避免在低功耗时发动机启动效率低;$T_{e_{max}}$、$T_{m_{min}}$ 和 $T_{m_{max}}$ 是由发动机和电机转速决定的峰值转矩。

(4) 规划层奖励。

对于规划层策略 Manager π^{hi} 的奖励 r 包括三个部分:第一个奖励是根据 BSFC 计算的油耗 $c(W_e, T_e)$;第二个奖励是 $\min(SOC - SOC_{min}, 0)$,是对 SOC 在下界下的惩罚;第三个奖励是对跟随距离超过最佳跟随范围的惩罚。三种奖励按 w_1 和 w_2 加权后相加,如下所示:

$$r^{hi}(s_t, a_t) = \begin{cases} c(W_e, T_e) + w_1 \cdot \min(SOC - SOC_{min}, 0) + w_2(\hat{l}_{max} - l), & \forall l > \hat{l}_{max} \\ c(W_e, T_e) + w_1 \cdot \min(SOC - SOC_{min}, 0), & \forall \hat{l}_{min} \geqslant l \geqslant \hat{l}_{max} \\ c(W_e, T_e) + w_1 \cdot \min(SOC - SOC_{min}, 0) + w_2(l - \hat{l}_{min}), & \forall l < \hat{l}_{min} \end{cases}$$
(5.23)

(5) 执行层奖励。

规划层策略 Worker π^{lo} 的奖励函数定义为实际控制观察到的状态转移与预期目标之间的距离:

$$r^{lo}(s_t, g_t, a_t, s_{t+1}) = -w_1 \parallel SOC_{t+1}^* - SOC_{t+1} \parallel^2 - w_2 \parallel \tau_{t+1}^* - \tau_{t+1} \parallel^2$$
(5.24)

根据上述定义，通过分层强化学习将 ACC－EMS 问题分解为两个子问题：首先是如何规划 SOC 和车头时距轨迹，以保证驾驶安全、节能和电池健康；其次是针对特定能耗和跟随距离的变化，如何控制发动机转速 W_e、发动机转矩 T_e、驱动电机转矩 T_m。在本方法中，π^{hi} 提供了规划层规划来简化耦合控制问题，而 π^{lo} 则解决了一个特定目标对应状态转移下的最优控制问题。

5.3.2 基于双层 Actor－Critic 节能驾驶策略

本节将经典的 RL 框架 Actor－Critic 应用于分层强化学习中的 q 值估计和策略更新，这两种策略都是由多层神经网络构成的，神经网络的详细信息见表 5.2。

表 5.2 双层 Actor－Critic 网络结构

	网络	Actor		Critic	
	输入	状态 s		状态 s & 目标 g	
	层数	神经元个数	激活函数	神经元个数	激活函数
Manager	1	8	ReLU	10	ReLU
	2	30	ReLU	30	ReLU
	3	30	ReLU	30	ReLU
	4	30	ReLU	30	ReLU
	5	2	Sigmoid	1	Linear
	输出	目标 g		Q 值函数 $Q_{\pi^{hi}}(s,g)$	
	网络	Actor		Critic	
	输入	状态 s、目标 g		状态 s、目标 g、动作 a	
	层数	神经元个数	激活函数	神经元个数	激活函数
Worker	1	10	ReLU	13	ReLU
	2	30	ReLU	30	ReLU
	3	30	ReLU	30	ReLU
	4	30	ReLU	30	ReLU
	5	3	Sigmoid	1	Linear
	输出	动作 a		Q 值函数 $Q_{\pi^{lo}}(s,g,a)$	

对执行层策略 Worker 训练，其动作值函数 $Q_{\pi^{lo}}(s,a)$ 表示在状态 s 和目标 g 下采取行动 a 时，底层 Actor 策略网络 π^{lo} 的期望总报酬 r^{lo}，如下所示：

$$Q_{\pi^{lo}}(s,g,a) = E_{\pi^{lo}}\Big[\sum_{k=0}^{\infty} \gamma^k r_{t+k}^{lo} \mid s_t = s, g_t = g, a_t = a\Big] \quad (5.25)$$

式中，γ 为衰减因子，$0 \leqslant \gamma \leqslant 1$。因此，Worker 中策略网络 Actor π^{lo} 目标是选择估计 Q 值最高的动作 $\pi^{lo}(a \mid s,g) = \arg\max Q^{lo}(s,g,a)$。

根据 Q-learning 算法，得到 $Q_{\pi^{lo}}(s,g,a)$ 的标准时间差分更新方程如下：

$$Q_{\pi^{lo}}(s,g,a) := Q_{\pi^{lo}}(s,g,a) + \alpha(r^{lo} + \gamma \max_{a'} Q_{\pi^{lo}}(s',g',a') - Q_{\pi^{lo}}(s,g,a))$$
$$(5.26)$$

式中，α 是由梯度下降优化器决定的更新步长。而对于规划层策略 Manager，动作值函数 Q 是由目标状态 s 与规划层 Actor 网络 π^{hi} 输出目标 g 所对应期望总回报 r^{hi} 的和，如下所示：

$$Q_{\pi^{hi}}(s,g) = E_{\pi^{hi}}\Big[\sum_{k=0}^{\infty} \gamma^k r_{t+k}^{hi} \mid s_t = s, g_t = g\Big] \quad (5.27)$$

类似地，π^{hi} 的目标选择服从 $\pi^{hi}(g \mid s) = \arg\max Q_{\pi^{hi}}(s,g)$，值函数更新遵循标准的时间差分更新方程。对于规划层策略 Manager 中 Actor-Critic 网络更新，Critic 网络的参数 θ_c^{hi} 可以通过以下公式更新：

$$\Delta \theta_c^{hi} = \alpha \nabla_{\theta_c^{hi}} \| Q_{\pi^{hi}}(s,g \mid \theta_c^{hi}) - r^{hi} - \gamma Q_{\pi^{hi}}(s', \pi^{hi}(s' \mid \theta_a^{hi}) \mid \theta_c^{hi}) \|^2$$
$$(5.28)$$

Actor 网络 θ_a^{hi} 的参数可以通过以下公式更新：

$$\Delta \theta_a^{hi} = \alpha \nabla_g Q_{\pi^{hi}}(s,g \mid \theta_c^{hi}) \nabla_{\theta_a^{hi}} \pi^{hi}(s \mid \theta_a^{hi}) \quad (5.29)$$

对于执行层策略 Worker 中 Actor-Critic 网络更新，Critic 网络的参数 θ_c^{lo} 可以通过以下公式更新：

$$\Delta \theta_c^{lo} = \alpha \nabla_{\theta_c^{lo}} \| Q_{\pi^{lo}}(s,g,a \mid \theta_c^{lo}) - r^{lo} - \gamma \max_{a'} Q_{\pi^{lo}}(s',g',\pi^{lo}(s',g' \mid \theta_a^{lo}) \mid \theta_c^{lo}) \|^2$$
$$(5.30)$$

Actor 网络 θ_a^{lo} 的参数通过以下公式更新：

$$\Delta \theta_a^{lo} = \alpha \nabla_a Q_{\pi^{lo}}(s,g,a \mid \theta_c^{lo}) \nabla_{\theta_a^{lo}} \pi^{lo}(s,g \mid \theta_a^{lo}) \quad (5.31)$$

在混合动力汽车在线应用中，车辆控制单元(vehicle control unit, VCU)中只有经过训练的双层参与者 π^{hi} 和 π^{lo}，其参数优化在云服务器上独立运行，架构图如图 5.8 所示。在线训练后，VCU 通过 I2V 通信接收训练后的神经网络参与

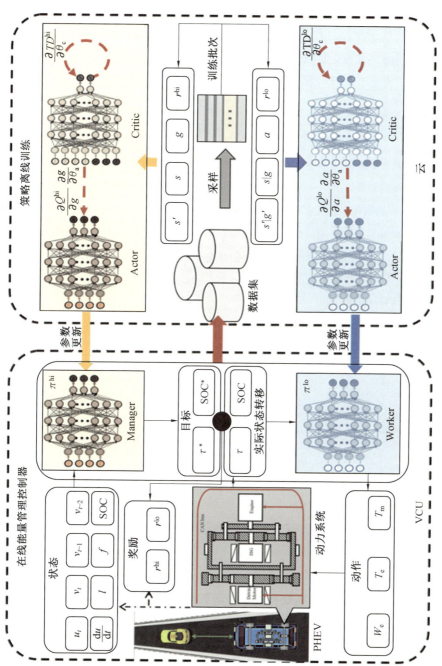

图5.8 基于分层强化学习的节能驾驶算法训练架构图

者的参数,交互数据通过 V2I 通信传递并存储在数据库中,充分利用云服务器减轻了在线车辆控制器的计算负担,同时提高了训练效率。具体算法如下:

Algorithm 3 基于分层强化学习的 ACC—EMS 策略的双层 Actor—Critic 参数训练

1:根据表 5.2 构造 Actor 和 Critic 网络,并对四个随机权值的神经网络参数 θ_a^{hi}、θ_a^{lo}、θ_c^{hi}、θ_c^{lo} 进行初始化

2:while $\sum_{t=1}^{T} Q_{hi}(s_t, g_t^*)$ or $\sum_{t=1}^{T} Q_{lo}(s_t \mid g_t, a_t^*)$ 未收敛 do

3:　　随机从数据集 D 采样小批次的数据元组 $(s, g, a, r_{hi}, r_{lo}, s', g')$

4:　　构造数据元组 (s, g, r_{hi}, s'),根据公式(5.29)和公式(5.28),对 Actor 和 Critic 网络参数 θ_a^{hi} 和 θ_c^{hi} 分别执行高级策略的梯度下降更新步骤

5:　　构造数据元组 $(s \mid g, a, r_{lo}, s' \mid g)$,根据(5.31)和公式(5.30),对 Actor 和 Critic 网络参数 θ_a^{lo} 和 θ_c^{lo} 进行高级策略的梯度下降更新步骤

6:　　通过 Critic 网络计算整个行驶周期 $\text{sum}_{t=1}^{t} Q_{hi}(s_t, g_t^*)$ 和 $\text{sum}_{t=1}^{t} Q_{lo}(s_t \mid g_t, a_t^*)$,其中 $g_t^* = \text{argmax } Q_{hi}(s_t, g)$ 和 $a_t^* = \text{argmax } Q_{hi}(s_t \mid g_t, a)$

7:end while

8:return Manager 与 Worker 中的 Actor 网络,$\pi^{lo}(\pi^{hi}(s))$

5.4　试验验证与结果分析

5.4.1　策略训练与收敛性分析

本节将验证基于分层强化学习的 ACC—EMS 策略的参数训练,本试验根据参考文献[6]中在 I—880 CA 高速公路 20.7~25.6 miles(英里,1 mile= 1 609.34 m)范围内向北行驶的 1 388 辆车的 GPS,提取真实行驶速度曲线作为前车行驶工况,如图 5.9(a)所示。最终共提取完整轨迹数据 198 条,其轨迹图如图 5.9(b)所示,可见即使是相同的路线,由于交通状况和驾驶方式的不同,其行程时间和行驶状态也会有所不同。从中随机抽取 66 条驾驶工况作为测试集前车速度曲线,剩余 132 条作为训练集,测试集与训练集中前车速度曲线的参数统计见表 5.3。

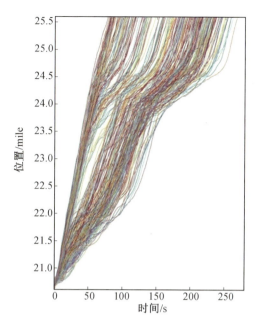

图 5.9　训练场景数据集曲线

表 5.3　测试集与训练集中前车速度曲线的参数统计表

	行程时间 /s		平均速度 /(m·s^{-1})		平均速度 /(m·s^{-1})		最大加速度 /(m·s^{-2})		最大减速度 /(m·s^{-2})	
训练集	316.7	+88.2 −64.76	13.3	+3.3 −3.0	18.7	+2.0 −2.0	0.38	+0.82 −0.13	0.60	+0.33 −0.22
测试集	322.6	+103.3 −82.6	13.3	+4.1 −3.5	19.2	+2.5 −3.6	0.45	+0.78 −0.19	0.57	+0.32 −0.23

因此,训练集与测试集速度曲线分布基本一致,训练数据集为跟驰场景提供了不同类别的前车驾驶工况。然后设置 500 个训练周期进行训练,每个训练周期包含随机采样的 10 条速度曲线作为前车速度,每次训练结束后对基于分层强化学习的 ACC−EMS 将 Manager 与 Worker 中的 Actor 与 Critic 神经网络的参数更新,并记录当前训练周期的平均奖励。通过 500 个训练周期后,基于分层强化学习的 ACC−EMS 策略最终达到收敛状态,将训练过程的平均奖励变化曲线展示在图 5.10 中。

可以看出,规划层强化学习的迭代周期内平均奖励最终在超过 −10 后达到

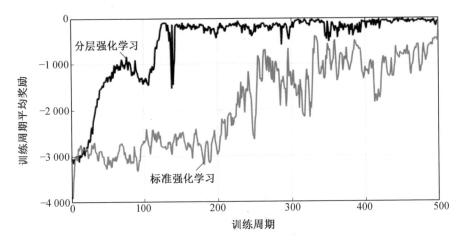

图 5.10　训练过程的平均奖励变化曲线图

稳定状态。为了验证分层强化学习下长期规划与实时控制解耦的优势,在本节中采用标准基于强化学习的 ACC－EMS 架构作为对比验证。试验中,Actor－Critic 通过端对端训练直接优化 ACC－EMS 一体式训练架构,即 Actor 以上一节中的状态 s 作为输入,直接输出控制动作 a。与所提出的分层强化学习中 Manager－Worker 架构不同,Actor－Critic 没有采用目标 g 进行长期规划。其训练过程奖励变化曲线在图 5.10 中,可以明显看出所提出的分层强化学习收敛性明显优于标准强化学习方法。特别是在训练早期阶段,分层强化学习的训练速度明显优于 Actor－Critic,这是由于分层强化学习将长期规划与实时控制分解,Manager 在训练中只需要判断理想的电量消耗与跟驰距离,而 Worker 只需要控制动力系统尽量满足 Manager 所设定的目标,从而各自在训练中都能有效探索到有益的策略行为;相反,Actor－Critic 在控制动力系统中驱动元件的转矩、转速,在满足跟驰安全与动力系统约束条件下尽可能节能,因此在前期难以通过探索得到正向反馈。另一方面,所提出的分层强化学习在最终收敛后更加稳定,这是由于 Actor－Critic 中控制动作与优化目标的关联性更弱,根据分析可知转矩、转速与跟驰距离之间的非线性耦合关系导致 ACC－EMS 的一体优化高度非凸,从而使优化复杂度更高;而分层强化学习虽然控制动作也未像串联控制中那样进行拆解,完全由 Worker 直接输出,但通过 Manager 将 Worker 优化目标简化避免了单一策略非凸优化中难以收敛的问题。

在完成训练后,将所训练的 Manager－Worker 控制策略用于 I－880 CA 高速公路测试集工况进行跟驰验证,并将跟驰速度、车头时距与电池 SOC 轨迹展示在图 5.11 中。从图中可以看出,在低速与高速两种跟驰场景下,训练后的 ACC-EMS 策略都能使得混合动力汽车以安全的跟随距离和电池 SOC 保持跟驰行驶。在高速场景下,车头时距保持在 1.4~1.8 s,满足节能驾驶安全阈值,同时从速度曲线可以看出,受控车辆跟驰速度曲线相较于前车速度曲线更平顺,避免了频繁加减速过程中的能量损耗,电池 SOC 一直维持在下限值 0.4 以上,同时在 160 s 的制动过程中 SOC 有明显上升,说明基于分层强化学习的 ACC-EMS 通过训练习得通过制动能量回收对电池充电。在低速场景下,受控跟驰速度与前车速度曲线差距更小,这一现象的主要原因是方程(5.1)中安全跟随距离的第二部分与受控车速呈线性关系,这意味着所提出的策略可以习得在高速汽车跟随过程中分配更宽松的跟随速度调节范围来提高节能性能。从车头时距变化图可

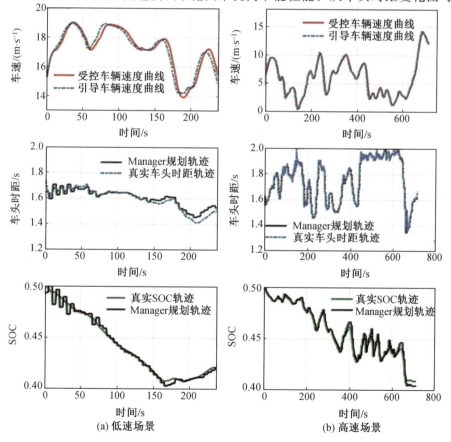

图 5.11　两种典型工况下控制效果图

以看出，在低速场景下车头时距范围为 1.4～2.0 s，相较于高速场景变化范围更大，说明 ACC－EMS 尽量利用跟驰距离优化范围实现节能驾驶。

此外，试验将 Manager 所规划的目标 g 与真实状态转移进行对比，如图 5.11 中车头时距与 SOC 轨迹变化所示。在算法中，Manager 的控制时间间隔为 5 s，Worker 的控制时间间隔为 1 s。从图中可以看出，Worker 通过训练能有效地跟随 Manager 设定的目标，同时 Manager 的目标引导满足混合动力汽车跟驰中的节能优化需求。因此，所提出的分层强化学习通过 Manager 进行长期规划，Worker 执行实时控制，有效地将 ACC－EMS 中的复杂问题进行分解，相较于 ACC＋EMS 串联控制架构的分解方式，Manager－Worker 没有在策略分层中破坏控制变量之间的天然耦合特性，而是在长短期任务上进行解耦，同时利用统一优化架构保证两层级策略的协同优化，进而保留了 ACC－EMS 理论全局最优可能性，通过自学习参数训练逼近全局最优控制策略，同时避免了端对端训练或数值求解过程中计算负荷过大与难以收敛的问题。

5.4.2　策略有效性与工况适应性试验验证与分析

为了进一步验证所提出策略的有效性与长距离跟驰工况适应性，本试验将前车的速度设置为标准驾驶工况，并将 5.4.1 节中训练的基于分层强化学习的 ACC－EMS 策略直接应用于受控混合动力汽车，进而验证训练策略在线控制效果，排除过拟合的影响验证策略的鲁棒性。将所提出 ACC－EMS 策略的受控车辆全工况下的跟驰距离曲线在图 5.12 中以红色曲线表示，同时将根据公式(5.3)计算得到的跟驰距离的安全边界以蓝色曲线表示。从图中可以看出所提出的 ACC－EMS 策略在 1 400 s 的测试工况下实现良好的跟驰效果，受控车辆的跟驰距离总是在蓝色区域所示的安全优化范围内变化。此外，从图中局部放大区域中的加减速场景可以看出，当前车处于加速过程中时，受控车辆与前车跟驰距离更靠近最远的安全跟驰优化边界 $\hat{l}_{max}$；而在前车处于制动过程中时正好相反，跟驰距离接近 $\hat{l}_{min}$。这说明了所提出的 ACC－EMS 通过强化学习训练习得利用跟驰距离安全优化范围来避免前车加减速带来震荡，当前车急加速或制动时不完全迫切保持相同加速度来维持当前车头时距，而是在安全约束边界内让渡一部分跟驰距离，以较平缓的加减速过程跟驰前车，等待前车速度平稳后再调节跟驰距离使其恢复到安全优化范围的中心，从而避免了前车频繁加减速对跟驰速度的影响,进而减少了能量消耗。

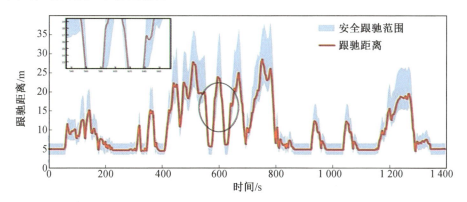

图 5.12　受控车辆跟驰距离曲线图

为进一步说明这一现象,将前车(即引导车辆)的速度与加速度曲线与最终受控车辆进行对比,如图 5.13 所示。从速度曲线可以明显看出,受控车辆的速度曲线相较于前车更加平滑;从左侧局部放大图中可以看出,受控车辆有效避免了前车瞬时制动带来的速度曲线震荡;从右侧局部放大图可以看出,在前车制动过程中受控车辆可以保持较小的减速度,从而充分利用电机回收制动能量,减少由液压制动带来的能量损耗。结合加速度曲线也可以明显看出,受控车辆的加速度相较于前车有明显的"削峰填谷"现象,避免了前车频繁加减速带来的额外能

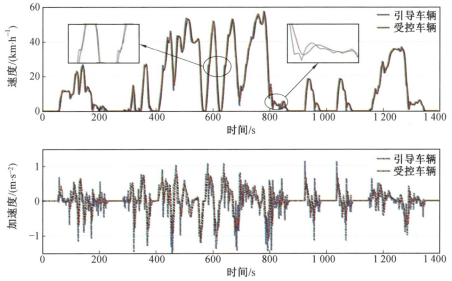

图 5.13　受控车辆与前车速度、加速度曲线对比图

耗,同时从舒适性的角度来说受控车辆也具有明显优势。

受控车辆动力系统工作状态曲线图如图 5.14 所示,从图中可以看出电池 SOC 基本在 0.4 ~ 0.5 范围内变化,说明跟驰过程中电池 SOC 满足电池健康限制条件。此外,从发动机功率曲线可以看出,发动机主要工作在 50 ~ 120 kW 的功率范围内,结合速度曲线可以看出发动机通常在高功率需求下提供动力,而驱动电机的功率分布较广。这说明所提出的 ACC－EMS 策略避免了发动机在低功率下出现高油耗的低效率区域。

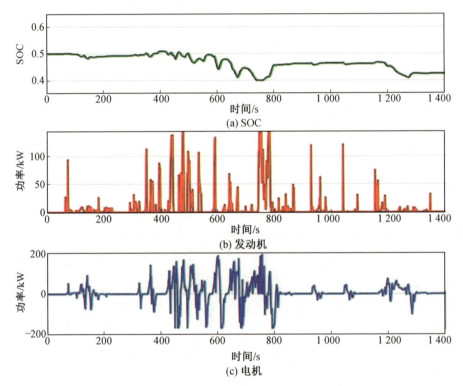

图 5.14　受控车辆动力系统工作状态曲线图

此外,结合发动机工作点分布图 5.15 可以看出,发动机的工作点在最优工作曲线附近,这是根据基准试验得出的各发动机功率下的最低能耗集。综上所述,该策略能够充分利用所研究的动力总成的功率分流结构的优点,有效地将发动机从驾驶条件限制下的低效率区域中解放出来。因此,随着发动机的燃油效率提高,插电式混合动力汽车的节能率有效提高。

因此,所提出的策略能够通过训练实现直接控制动力总成部件的转矩、转

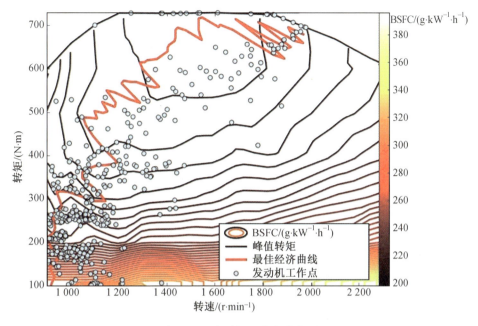

图 5.15　发动机工作点分布图

速,实现节能跟驰,从而在保证驾驶安全和电池健康的同时提高燃油经济性。需要注意的是,虽然没有明确的跟驰目标函数,而是采用了一个可选的跟驰距离约束范围,但为了在约束范围内实现能耗最小,ACC－EMS 策略训练后习得根据前车运动状态与自身动力系统工作状态调整跟驰距离,进而实现与直接进行速度控制 ACC 策略相近的跟驰效果。

5.4.3　对比验证与分析

为了进一步验证,在本节中进行算法对比试验,将所提出的策略与其他代表性基准策略进行对比分析。其中,基于智能驾驶员模型(intelligent driver model,IDM)的自适应巡航控制和基于电量消耗－电量稳持(CD－CS)的能量管理是混合动力车辆实时控制中最常用的规则式控制策略,因此选择 IDM 和 CD－CS 组合作为当前在线规则式控制策略的基准。此外,将基于 DP 的 ACC－EMS 策略作为验证所提出策略与全局最优的差距。值得注意的是,由于基于 DP 的 ACC－EMS 需要提前知道前车未来的完成行驶速度曲线,在实际控制中无法应用,仅能作为离线对比基准;同时,将 IDM 作为 ACC 控制策略,接着使用 DP 以

IDM 控制下速度剖面作为先验知识来求 EMS 的全局最优解,作为 ACC＋EMS 串联控制下的在线控制,ACC 确定速度曲线后混合动力汽车达最优节能水平。此外,本书还将基于 Actor－Critic 的 ACC－EMS 策略与提出的基于分层的强化学习方法进行了对比,作为端到端强化学习的 ACC－EMS 基准,在该方法中使用与 Worker 相同的神经网络结构,但仅使用状态－动作－奖励对其进行训练。

五种策略在同一工况下的对比结果见表 5.4,结果表明所提出的基于 HRL 的 ACC－EMS 策略实现了近似于离线全局最优 DP 的节能效率。从实时性来看,所提出的方法计算负荷主要是在神经网络中的训练过程,而在线控制中车载单元只执行前向传播,不受状态和动作探索空间的优化影响,避免了一体式 ACC－EMS 架构中状态与动作增加带来的维数灾难问题,相较于在线控制策略 IDM＋CD－CS 与 Actor－Critic 油耗分别减少了 13.0% 和 18.6%;甚至高于 IDM＋DP 串联控制在线 ACC 下能量管理全局离线最优节能效果,油耗减少了 3.9%。这说明在基于 IDM 的速度控制下,即使执行层能量管理达到离线全局最优(假设未来全局工况已知下的 DP 全局最优解),其燃油经济性仍弱于所提出的 HRL 策略。值得注意的是,所提出的 HRL 策略在控制中只以当前时刻状态作为输入,满足混合动力汽车在线控制需求。造成这种情况的主要原因可能是,IDM＋DP 和 IDM＋CD－CS 中 ACC 基于 IDM 模型仅根据速度差和车头时距考虑行车安全从而调节跟驰速度,限制了 EMS 的节能潜力。这进一步验证了所提出的 HRL 策略通过直接优化 ACC－EMS,避免 ACC＋EMS 串联式控制架构 ACC 对 EMS 动力需求的硬约束所导致的优化上限受限,为逼近全局最优提供了可能性。

表 5.4　五种节能驾驶策略下性能指标对比表

类别	控制策略	油耗 /L	平均加速度 /(m·s^{-2})	平均车头时距 /s	计算时间 /s
串联式	IDM＋DP	3.73	0.17	1.62	131.7
	IDM＋CD－CS	4.22	0.17	1.62	1.3
一体式	DP	3.59	0.12	1.68	2 781.2
	Actor－Critic	4.51	0.22	1.87	3.2
	HRL	3.67	0.13	1.76	4.5

另外,从表5.4可以看出,HRL与同为一体式ACC-EMS架构的标准强化学习Actor-Critic相比,其燃油经济性有明显提升。这说明即使Actor-Critic与HRL具有相同的奖励设置和训练过程,但由于Actor-Critic缺乏分层训练架构,因此最终也会陷入局部最优。为了进一步说明这一现象,将两种策略下发动机与ISG电机的工作点分布对比图展示在图5.16中,可以看出两种策略下的发动机工作点都在最优工作曲线附近。这意味着两种RL方法都习得了充分利用所研究的动力总成的功率分流动力系统的优点,有效地将发动机从低效率区域中解放出来。然而,标准Actor-Critic比HRL更频繁地使用发动机,进而导致油耗增加。相反,HRL将长期规划与实时控制分解,使智能体更容易通过训练逼近最优策略。

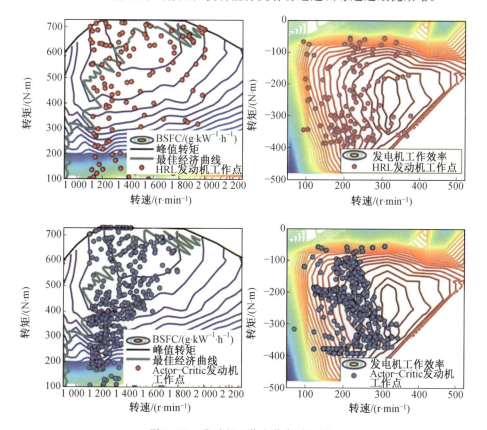

图5.16　发动机工作点分布对比图

此外,从表5.4可以看出,HRL的平均加速度是DP以外最小的,而IDM以1.62 s的平均车头时距最接近跟驰优化范围中心(1.6 s车头时距对应的跟驰距离)。为了更好地说明跟驰距离差异,试验将四种策略下的跟驰距离对比图展示在图 5.17 中,IDM 策略下跟驰距离总是维持在跟驰约束范围中心;Actor—Critic 策略下跟驰距离靠近最远的跟驰距离边界;DP 与 HRL 策略下跟驰距离在约束边界内波动。

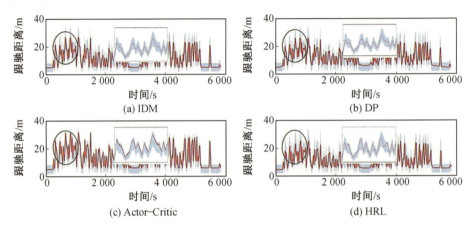

图 5.17 不同控制策略下跟驰距离对比图

偏差定义为实际跟驰距离与 1.6 s 车头时距对应的跟驰距离的偏差,如箱形图 5.18 所示。结果表明,在 IDM 策略(IDM+DP 和 IDM+CD-CS)下,车辆跟驰距离位于最优跟驰距离中心附近且方差较小。其他策略的跟驰距离在中心远端,且跟驰距离分布不同。这说明 ACC-EMS 策略相较于 ACC+EMS 串联控制策略,不会完全保持最优跟随距离的特定位置,而是考虑到能耗和电池状态,采取更宽的跟随距离来避降低前车不良驾驶行为的影响。其中,基于 Actor-Critic 的 ACC-EMS 策略陷入局部最优,维持在最远跟驰距离附近,区别于所提出的 HRL 策略,未能实现根据前车速度变化动态调节跟驰距离。其主要原因是 Actor-Critic 中没有将长期规划与实时控制切分,进而根据总体奖励期望 $r(s_t, a_t) + \gamma r(s_{t+1}, a_{t+1}) + \cdots + \gamma r(s_{t+T}, a_{t+T})(0 < \gamma < 1)$,避免车辆运动从而减少发动机输出功率,进而使对应的能耗最少,$r(s_t, a_t)$ 最高。这一行为使得相对跟驰距离不断增加,直到超过约束范围时被迫以更高的能耗保持跟驰距离,此时的低奖励 $\gamma r(s_{t+T}, a_{t+T})(0 < \gamma < 1)$ 被稀释,对动作选择影响较低,进而在梯度下降法优化网络参数时使控制策略陷入局部最优。相反,所提出的基于 HRL 的 ACC-EMS 策略避免了陷入局部最优的情况出现,训练后与全局最优 DP 策略下跟驰距离分布相近,而 DP 离线优化提前已知前车全程速度变化,HRL 只根据当前状态进行决策,因此跟驰距离分布相较于 DP 更小,降低了突发的前车速度变化给

跟驰安全带来的风险。而且在实际驾驶中，前车未来速度变化的不确定性使得 DP 全局优化失效，MPC 利用滚动预测时域内优化的方法在节能效果依赖于预测精度的同时计算负荷也较大；而所提出的 HRL 先利用 Manager 定期规划未来目标，再通过 Worker 实现目标计算负荷较小，更适用于混合动力汽车在线决策控制。

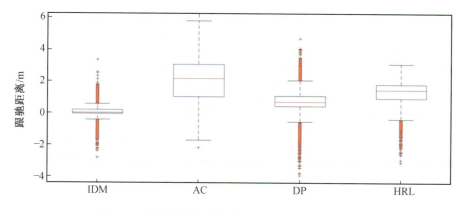

图 5.18　跟驰距离与优化范围中心偏差分布箱形图

5.5　本章小结

本章基于分层强化学习的深度融合自适应巡航控制与能量管理系统，提出了一种一体式 ACC-EMS 控制框架。基于深度神经网络分别在规划层策略学习规划车辆的跟驰距离和 SOC，在执行层策略控制动力系统中各驱动元件的转速、转矩。区别于传统自适应巡航控制与能量管理系统串联式控制框架，规划层策略不直接控制车辆运动，避免了对执行层控制器施加额外的约束而限制节能优化潜力的情况出现，而是通过奖励激励执行层策略来实现预期目标。因此，控制变量与多目标的耦合关系可以通过非分层执行实现，而宏观微观尺度的策略可以通过分层策略来完成。通过协同优化最终找到最优的混合动力跟驰方式，在满足安全性与电池健康度的前提下减少能量消耗。以 I-880 CA 高速公路上采集的真实行驶速度曲线作为行驶车辆的行驶周期进行训练。试验结果表明，在不同的前车速度类型下，所提出的节能驾驶策略都能习得保持跟驰距离在最优安全范围内的同时 SOC 维持在最小阈值以上。几个综合试验说明了所提出的节能驾驶策略可以通过避免前车速度震荡传导引发的额外能耗产生、提高发动机工作点效率来实现插电式混合动力汽车的节能驾驶。

本章参考文献

[1] HE Y L, ZHOU Q, MAKRIDIS M, et al. Multiobjective co-optimization of cooperative adaptive cruise control and energy management strategy for PHEVs[J]. IEEE transactions on transportation electrification, 2020, 6(1):346-355.

[2] KIM Y, GUANETTI J, BORRELLI F. Compact cooperative adaptive cruise control for energy saving: Air drag modelling and simulation[J]. IEEE transactions on vehicular technology, 2021, 70(10):9838-9848.

[3] KURAL E, GÜVENÇ B A. Integrated adaptive cruise control for parallel hybrid vehicle energy management[J]. IFAC-PapersOnLine, 2015, 48(15):313-319.

[4] LI G Q, GÖRGES D. Ecological adaptive cruise control and energy management strategy for hybrid electric vehicles based on heuristic dynamic programming[J]. IEEE transactions on intelligent transportation systems, 2019, 20(9):3526-3535.

[5] VEZHNEVETS A S, OSINDERO S, SCHAUL T, et al. FeUdal networks for hierarchical reinforcement learning[EB/OL]. 2017:1703.01161. https://arxiv.org/abs/1703.01161v2.

[6] HERRERA J C, WORK D B, HERRING R, et al. Evaluation of traffic data obtained via GPS-enabled mobile phones: the mobile century field experiment[J]. Transportation research part C: emerging technologies, 2010, 18(4):568-583.

第 6 章 网联混合动力车队协同自适应巡航节能优化控制研究

第 5 章研究中节能优化处于单车层面,而随着智能网联与车路协同技术的发展,节能驾驶已由单车为主体的节能优化控制发展为面向整体交通多车协同,以实现燃油经济性和交通效率等方面的整体性能最优[1]。李克强院士在智能网联汽车"三横两纵"的技术架构中明确了协同式多车队列控制根据相邻车辆信息自动调整车辆运动状态,最终达到一致的速度和目标期望的技术路线[2]。然而,针对网联新能源汽车多车协同控制,特别是考虑内部动力系统层面下的节能驾驶尚未形成系统性的解决方案。

现有智能网联新能源协同式多车控制大多基于速度规划与能量管理相结合的分层控制架构[3,4],而多车协同仅局限于速度规划层,未能充分考虑速度规划与能量管理的多个控制过程耦合下的多车协同优化。多智能体网络近年来受到国内外科研工作者的极大关注,相关理论层出不穷[5]。该理论利用智能体进行局部的信息交换,使所有智能体达到全局最优平衡状态,在地面机器人、无人机编队控制、广义系统控制等相关领域有广泛应用[6]。然而,多个智能网联汽车是随机且时变的动态系统,目前对随机多智能体网络问题的研究较少(特别是面向混合动力车队节能优化)。因此,如何利用网联车队信息互联网络拓扑结构构建多智能体网络控制,开发出满足实际驾驶需求的网联新能源多车协同节能驾驶策略是本章的研究重点。此外,由于动力总成和控制目标的相似性,车队中各车节能驾驶、节能优化过程存在天然的共性。如何利用多智能体共享数据训练挖掘在不同新能源汽车节能优化策略中共享、共通的潜在规律,提升节能驾驶控制策略的鲁棒性与复杂环境适应性,同时降低开发成本,是目前亟待解决的问题。

为此,本章旨在突破传统多车协同在单车节能驾驶感知信息、控制变量与优化目标简单叠加的架构,充分发挥多车协同的整体车队多智能体信息互联、统筹规划的优势,深入挖掘新能源车队节能减排优化潜力。

6.1 混合动力车队节能优化控制数学建模

在第 5 章中混合动力单车跟驰节能驾驶的基础上,构建网联混合动力车队协同自适应巡航模型,如图 6.1 所示。车队中头车为引导车辆,作为跟驰对象,根据车队所处驾驶场景调节行驶速度;其他车辆依次跟随前车形成纵向行驶队列,通过车载传感器与车-车通信获取车队信息,动力系统根据车队运动信息与自身动力系统状态调节发动机、电机等驱动元件的输出,进而控制车队中每一辆车的速度,保证与前车保持安全跟驰距离。

车队纵向动力学方程可以表示如下:

$$\ddot{p}_i(t) = \dot{u}_i(t) = \frac{F_{a,i}(t)}{\delta m_i} \quad (6.1)$$

式中,$i \in \{0, \cdots, N\}$ 表示车队中第 i 辆混合动力汽车,其中 0 代表引导车辆;$\ddot{p}_i(t)$ 与 $\dot{u}_i(t)$ 分别表示车队中第 i 辆混合动力汽车的位置与速度;m_i 为车辆整备质量;δ 为旋转质量等效换算系数;$F_{a,i}(t)$ 为驱动力。根据第 5 章中的混合动力构型计算公式,$F_{a,i}(t)$ 可以计算如下:

$$F_{a,i}(t) = \frac{\left((1+k_2) T_{m,i}(t) + \frac{k_1}{1+k_1} T_{e,i}(t)\right) \cdot i - T_{l,i}(t) - T_{b,i}(t)}{r_w} \quad (6.2)$$

式中,$T_{m,i}$、$T_{e,i}$、$T_{l,i}$、$T_{b,i}$ 分别代表第 i 辆混合动力汽车的主驱动电机输出转矩、发动机输出转矩、阻力矩与制动力矩;k_1、k_2 为双行星盘齿数比。阻力矩包括空气阻力矩、坡道阻力矩与摩擦阻力矩,如下:

$$T_{l,i}(t) = \left(\frac{C_{d,i} A}{21.15} u_i(t)^2 + m_i g (\sin\theta + f\cos\theta)\right) r_w \quad (6.3)$$

考虑队列行驶中行车间距变化对空气阻力影响,空气阻力系数 $C_{d_i(t)}$ 计算如下:

$$C_{d_i(t)} = \begin{cases} C_d, & i = 0 \\ \left(1 - \frac{\hbar_1}{\hbar_2 + p_{i-1}(t) - p_i(t)}\right) C_d, & i \geq 1 \end{cases} \quad (6.4)$$

其中,C_d 为标准空气阻力系数。

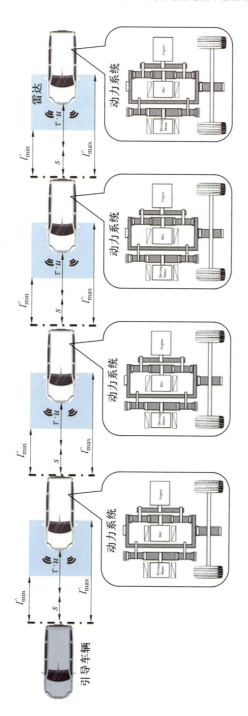

图6.1 网联混合动力车队协同自适应巡航模型

根据第 5 章分析，车队中每一辆混合动力汽车的纵向动力学控制策略都包含三个连续控制变量：发动机转速 $W_{e,i}$、发动机转矩 $T_{e,i}$ 与驱动电机转矩 $T_{m,i}$。在车队协同自适应巡航节能优化中，需要通过控制 $N=\{1,\cdots,N\}$ 除头车外所有混合动力车辆的 $W_{e,i}$、$T_{e,i}$、$T_{m,i}$ 最小化行程内的能量消耗，同时保证跟驰距离满足优化阈值范围，并使动力系统驱动元件满足物理约束限制，如下：

$$\begin{cases} l_{\min} \leqslant p_{i-1}(t) - p_i(t) \leqslant l_{\max} \\ 0 \leqslant W_{e,i}(t) \leqslant W_{e_{\max}} \\ 0 \leqslant W_{m,i}(t) \leqslant W_{m_{\max}} \\ 0 \leqslant W_{g,i}(t) \leqslant W_{g_{\max}} \\ 0 \leqslant T_{e,i}(t) \leqslant T_{e_{\max}}(W_{e,i}(t)) \\ T_{m_{\min}}(W_{m,i}(t)) \leqslant T_{m,i}(t) \leqslant T_{m_{\max}}(W_{m,i}(t)) \\ T_{g_{\min}}(W_{g,i}(t)) \leqslant T_{g,i}(t) \leqslant T_{g_{\max}}(W_{g,i}(t)) \\ \mathrm{SOC}_i(t) \geqslant \mathrm{SOC}_{\min} \end{cases} \quad (6.5)$$

根据车队能耗建立目标函数，同时考虑到驾驶人的舒适性和车辆的节能性，车辆的行驶应该尽可能稳定。因此，为了满足这些要求，构造如下目标函数：

$$\max J(\hat{t}) = \max \int_0^{\hat{t}} r(\| W_{e,i}(t), T_{e,i}(t), T_{m,i}(t) \| \forall i \in N) \mathrm{d}t \quad (6.6)$$

式中，$\hat{t}$ 为车队行程结束时间。$r(\| W_{e,i}(t), T_{e,i}(t), T_{m,i}(t) \| \forall i \in N)$ 为车队中混合动力车辆在 t 时间步长下，分别以 $W_{e,i}(t)$、$T_{e,i}(t)$、$T_{m,i}(t)$ 为联合控制输出下的瞬时奖励。

6.2 集中式训练分布式控制的多车协同架构

现有多车协同控制具有三种典型的信息拓扑结构，如图 6.2 所示。图 6.2(a) 为非网联控制架构，在该架构中车队的每一辆车仅根据自身传感器获取感知信息作为整车控制器的决策控制依据，协同自适应巡航退化为多车自适应巡航。图 6.2(b) 为集中式控制架构，在该架构中车队具备一个中央控制单元(central control unit, CCU)，CCU 通过网联通信设备获取车队中各车发送的感知信息，进而 CCU 内置联合控制策略判断当前状态下车队中各车辆的最优控制，并通过网联通信设备将控制信号发送给车队中的车辆,最终每辆车对应执行相应的控制信号。图 6.2(c) 为分布式控制架构,在该架构中车队没有 CCU,相反车队中每一辆车都根据自身状态与网联通信设备获取的车队状态信息在本车进行决策控制,进而使得局部信息通过网络传播,而控制信号由受控车辆自身执行。

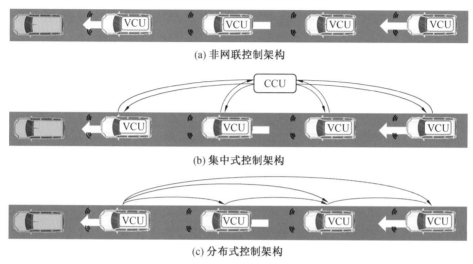

图 6.2　多车协同控制信息拓扑结构

非网联控制架构中由于车队没有信息共享,每辆车只能根据局部信息进行决策;同时由于未知车队其他车辆在当前状态下所执行的控制,车队总体优化目标分解为各车辆奖励总和;然而,仅当 $r(\|W_{e,i}(t),T_{e,i}(t),T_{m,i}(t)\|\forall i\in N)$ 与 $\sum_{1}^{N}r_i(W_{e,i}(t),T_{e,i}(t),T_{m,i}(t))$ 相等时,非网联控制架构优化目标与真实优化目标无偏。但在实际驾驶中,在车队中考虑队列稳定性与后车能耗,仅以受控车辆自身节能优化为目标与车队全局目标不符,因此该控制架构退化为多车自适应巡航,无法逼近全局最优。相反,对于集中式控制机构,环境状态与控制动作都为全局变量,将多车控制简化为单智能体控制,在保证全局状态与联合动作的前提下,该架构理论上可以完成全局最优,然而由于当前通信技术限制,V2V 传输不可避免地会出现延时与丢包等问题,特别是当控制信号传输时数据延迟会给车辆驾驶安全带来巨大风险;此外,在考虑动力系统与纵向速度的多车协同控制中,集中式控制策略的状态空间与动作空间构成的高维连续空间极大增加了寻优复杂度。分布式控制架构兼顾了策略计算复杂度、通信质量与优化水平,仅

在状态共享通过V2V对自身局部信息进行补充,决策控制完全由自身VCU策略输出,避免了集中式控制架构在控制时网络延迟所导致的系统内风险,是当前技术背景下最有实际应用潜力的网联多车协同控制框架。当前分布式控制架构受制于未知车队中其他车辆执行动作,虽然感知状态在一定程度上摆脱了自身信息局限性,但在优化中仍面临优化目标与真实优化目标偏差问题。

近年来,多智能体网络的发展为集中式训练分布式控制(centralized learning decentralized execution,CTDE)提供基础,该方法为了解决分布策略中单独训练的不收敛问题,通过共享训练架构在策略寻优过程中使用全局奖励更新策略参数,在实际控制中多智能体去中心化仅通过通信网络中共享局部信息进行决策,从而保证多智能体系统优化目标无偏,同时实现分布控制。

因此,本章旨在集中式训练分布式控制架构基础上,建立新能源车队系统的多智能体离散时间模型,将车队协同自适应巡航节能优化问题视为一个带有噪声的相对空间速度调节与能力分配问题,同时构建新能源汽车的动力系统动态响应模型,将车队控制变量深入到动力系统底层驱动元件的工作状态。建立集中式训练分布式控制系统架构,车队中每辆车节能驾驶优化同步考虑对整体系统的影响,促进合作控制;同时每辆车在实时控制执行过程中以自身车载控制单元输出控制信号,避免集中式控制通信质量不佳导致的系统扰动。

6.3 基于多智能体强化学习的车队协同节能优化控制策略

6.3.1 多智能体强化学习理论

与智能体强化学习(single agent RL)类似,多智能体强化学习(multi agent RL,MARL)也是解决马尔可夫时间序列的决策问题方法。不同的是,在MARL中涉及多个智能体相互作用的马尔可夫博弈(Markov game,MG),如图6.3所示,系统中状态转移及每个智能体获取的奖励反馈是由所有智能体的联合动作决定的[7]。此外,每个智能体都有独立的长期累计奖励作为优化目标,进而根据目标函数优化每一个智能体相互独立的控制策略。

在马尔可夫博弈中,MG被定义为$(N, \mathcal{S}, \{\mathcal{A}_i\}_{i \in N}, \mathcal{P}, \{\mathcal{R}^i\}_{i \in N}, \gamma)$构成的元组,其中$N$表示智能体总数,$N = \{1, \cdots, N\}$;$S$为所有智能体观测状态集合;$\mathcal{A}$为第$i$

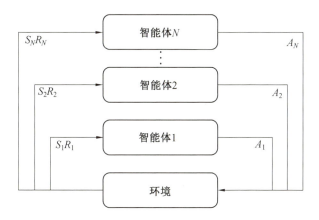

图 6.3　多智能体马尔可夫博弈

个智能体的动作空间。令 $\mathscr{A}:=\mathscr{A}^1\times\cdots\times\mathscr{A}^N$，则有 $P:\mathscr{S}\times\mathscr{A}\to\Delta\mathscr{S}$ 表示在多智能体构成的系统下，从任一状态 $s(s\in\mathscr{S})$ 通过执行动作集 $a(a\in\mathscr{A})$ 转移到下一时刻状态 $s'(s'\in\mathscr{S})$ 的转移概率；$\mathscr{R}^i:\mathscr{S}\times\mathscr{A}\times\mathscr{S}\to\mathbf{R}$ 表示智能体 i 在此状态转移过程中从环境中获取的反馈奖励；γ 为时间衰减系数，$\gamma\in[0,1)$。

在每一个时间步长 t 下，每一个智能体 $i\in N$ 根据系统状态 s_t 执行控制动作 a_t^i。进而，系统状态转移到 s_{t+1} 的同时每一个智能体 i 获取反馈奖励 $\mathscr{R}^i(s_t,a_t,s_{t+1})$。每一个智能体 i 的优化目标则是根据自身的长期奖励寻找最优策略 $\pi^i:\mathscr{S}\to\Delta\mathscr{A}$，满足 $a_t^i\sim\pi^i(\cdot\mid s_t)$。因此，根据第 3 章中所述的值函数估计法，每一个智能体 i 的值函数可以看作系统中所有智能体的联合策略 π：在某种状态与动作下 $\pi(a\mid s):=\prod_{i\in N}\pi^i(a^i\mid s)$ 的未来累计奖励估计值。其中，对于任一联合策略 π 和状态 $s\in\mathscr{S}$ 有

$$V_{\pi^i,\pi^{-i}}^i(s):=E\Big[\sum_{t\geqslant 0}\gamma^t\cdot\mathscr{R}^i(s_t,a_t,s_{t+1})\mid a_t^i\sim\pi^i(\cdot\mid s_t),s_0=s\Big] \quad (6.7)$$

式中，$-i$ 表示系统中除了智能体 i 以外的其余所有智能体。因此，从 MG 的最优解定义可知，每一个智能体的最优控制效果不仅由该智能体自身控制策略决定，同时也与系统中其他智能体的决策行为相关。

在马尔可夫博弈中，通常采用纳什均衡（Nash equilibrium）作为系统达到最优的评估标准，即对于 $(N,\mathscr{S},\{\mathscr{A}\}_{i\in N},P,\{\mathscr{R}^i\}_{i\in N},\gamma)$ 存在一个联合策略集 $\pi^*=(\pi^{1,*},\cdots,\pi^{N,*})$，对于任意状态 $s(s\in\mathscr{S})$ 与任一智能体 $i(i\in N)$ 满足：

$$V_{\pi^{i,*},\pi^{-i,*}}^i(s)\geqslant V_{\pi^i,\pi^{-i,*}}^i(s) \quad (6.8)$$

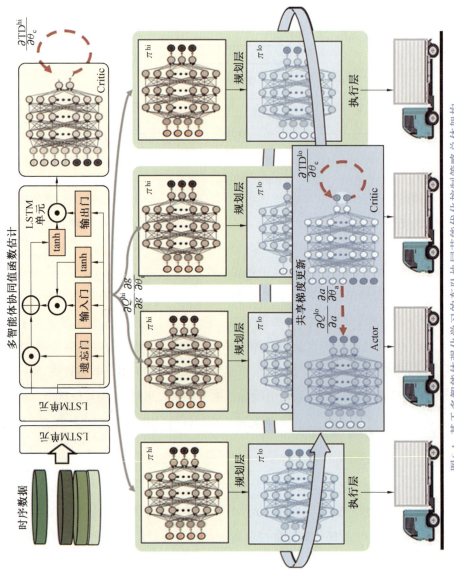

图6.4 基于多智能体强化学习的车队协同节能优化控制策略总体架构

可见,纳什均衡对应各智能体策略的平衡点 π^*,每一个智能体没有任何动机去偏离该点。换言之,对于任一智能体 $i(i \in N)$,该智能体策略 $\pi^{i,*}$ 的输出是系统中其他智能体策略的最佳响应 $\pi^{-i,*}$。纳什均衡作为 MARL 的标准优化目标,在有限状态-动作空间时间序列中马尔可夫博弈始终存在,在一般情况下解不是唯一的,然而大多数 MARL 算法都设法收敛到纳什均衡,其主要难点在于:与单智能体 RL 不同,其目标是有效地最大化长期累计奖励,MARL 的学习目标有时可能是模糊的,因此 MARL 相较于单智能体 RL 对控制问题优化复杂度敏感性更高。

根据第 5 章中分析,由于混合动力能量管理策略中速度规划与能量管理耦合,对控制策略在长期规划与实时控制分层可以有效解决 ACC-EMS 复杂优化问题。在本章沿用第 5 章中 Manger-Worker 的分层强化学习架构,并在其基础上扩展为多智能体分层强化学习。其中,每个智能体的动作 a、目标 g 设置与第 5 章相同,在状态中除了受控车辆前车以外,额外引入车队中头车速度作为状态变量,为车队中每辆车在节能优化过程中提供队列总体运动趋势。进而,对 N 个智能体分别构建分层控制策略,系统中全部智能体的规划层 Manger 中策略 Actor 集合表示为 $\pi^{hi} = \{\pi_1^{hi}, \cdots, \pi_N^{hi}\}$,执行层 Worker 中策略 Actor 表示为 $\pi^{lo} = \{\pi_1^{lo}, \cdots, \pi_N^{lo}\}$。总体架构如图 6.4 所示,其中车队各车 VCU 中的控制单元由 π_i^{hi}、π_i^{lo} 组成,在线控制完全在车队各车的 VCU 中独立决策;而在训练过程中将在线控制数据存储发送至云端,Manager 训练中提取时序状态转移序列,利用长短时记忆网络的 Critic 的值函数引导多智能体协同;Worker 训练中将训练梯度在云端共享,通过异步累计梯度实现基于多车知识共享的加速训练。

6.3.2 基于梯度共享执行层加速训练

在执行层策略 Worker 训练,π^{lo} 参数优化的目标为最大化其动作值函数 $Q_{\pi^{lo}}(s,a)$,即在状态 s 和目标 g 下采取行动 a 时 Actor 策略网络 π^{lo} 的期望总报酬为 r^{lo},r^{lo} 为实际状态转移 s' 与规划层 Manger 策略 Actor 输出的目标 g 之间的差距:

$$r^{lo}(s_t, g_t, a_t, s_{t+1}) = -w_1 \| \text{SOC}_{t+1}^* - \text{SOC}_{t+1} \|^2 - w_2 \| \tau_{t+1}^* - \tau_{t+1} \|^2 \tag{6.9}$$

可以看出,Worker 中每一个智能体之间优化目标相互独立,且都是为完成规划层 Manager 策略制定目标 g。因此,不同智能体的 Worker 策略优化具有相同的任务与网络结构,只是根据 Manager 对队列不同位置设定 $g_1,\cdots,g_N$ 区别而采取不同控制动作 $a_1,\cdots,a_N$,因此 Worker 中多智能体生成状态转移数据亦可以视为同一策略在不同环境状态 $s_1,\cdots,s_N$ 与目标 $g_1,\cdots,g_N$ 下的异步探索。在通过训练对神经网络参数进行更新的过程中,不同智能体异步探索下产生数据元组可以知识共享。通过车联网将每辆网联车辆控制序列与状态转移序列传送至云端数据库,利用云计算根据多智能体异步数据更新能量管理策略参数,进而提升强化学习算法的样本利用效率、策略训练效率和寻优效果。在算法训练过程中,各车根据自身经历工况,累积权重梯度,每当共享计数 T 达到一定次数 N_{target} 时,就进行一次目标权重更新。对于执行层策略 Worker 中的 Actor - Critic 网络更新,Critic 网络的参数 θ_c^{lo} 可以通过以下方式更新:

$$\Delta\theta_c^{\text{lo}} = \Delta\theta_c^{\text{lo}} + \nabla_{\theta_c^\tau} Q_{\pi^{\text{lo}}}((Q_{\pi^{\text{lo}}}(s_z,g_z,a_z\mid\theta_c^{\text{lo}}) - r^{\text{lo}} - \gamma Q_{\pi^{\text{lo}}}(s_{z+1},g_{z+1},\pi_{\theta^{\text{lo}}}(s_{z+1},g_{z+1}\mid\theta_\pi^\tau)\mid\theta_c^\tau))^2) \quad (6.10)$$

式中,θ_c^τ 与 θ_π^τ 分别表示每一个智能体 Worker 中值函数估计策略 Critic 与控制策略 Actor 的神经网络参数,在训练中通过每个智能体 θ_c^τ 梯度的累积更新全局 θ_c^{lo}。类似的,Actor 网络 θ_a^{lo} 的参数按照如下公式实现异步更新:

$$\Delta\theta_a^{\text{lo}} = \Delta\theta_a^{\text{lo}} + \nabla_{\theta_\pi^+} Q_{\pi^{\text{lo}}}(s_z,g_z,\pi(s_z,g_z\mid\theta_\pi^\tau)\mid\theta_c^\tau)\cdot\nabla_{\theta_a^{\text{lo}}}\pi_{\theta^{\text{lo}}}(s_z,g_z\mid\theta_\pi^\tau) \quad (6.11)$$

每当某一车辆私有计数 t 达到一定次数 $N_{\text{AsyncUpdate}}$ 时,就根据此车辆的累积梯度更新一次共享权重 $\theta_c^{\text{lo}} \to \theta_c^\tau$,并将此车累积梯度清零。在该框架中采用 Shared RMSProp 随机梯度下降优化实现执行层 Worker 中 Actor 与 Critic 的网络更新:

$$g = \alpha g + (1-\alpha)\Delta\theta_i^2$$
$$\theta - \eta\frac{\Delta\theta_i}{\sqrt{g+\epsilon}} \to \theta \quad (6.12)$$

式中,θ 为共享网络权重;θ_i 为各智能体私有的累积梯度;g 为梯度平方的移动平均量,在各车辆间共享,从而提升整个算法的学习效率。整体算法伪代码如 "Algorithm 4" 所示。

Algorithm 4　执行层 Worker 参数训练
───
1：// 假设给定规划层 Manager 控制策略 $g_t \leftarrow \pi_{\theta}^{\text{lo}}(s_t)$
2：对执行层 Worker 中 Actor 与 Critic 神经网络参数 θ_a^{lo} 及 θ_c^{lo} 进行随机权值初始化
3：初始化全局共享目标 Actor 与 Critic 神经网络参数 θ_a^{τ} 与 θ_c^{τ}
4：初始化神经网络梯度 $\Delta\theta \rightarrow 0$
5：repeat
6：　根据值函数 $Q_{\pi}^{\text{lo}}(s_t, g_t, a_t)$ 通过 $\epsilon-$greedy 选择控制动作 a_t
7：　从获取环境中获取 r_t 与下一时刻状态 s_{t+1} 与目标 g_{t+1}
8：　计算真实值函数 $R = r^{\text{lo}} + \gamma \pi_{\theta}^{\tau}(s_{z+1}, g_{z+1}, \pi_{\theta_c^\tau}^{\text{lo}}(s_{z+1}, g_{z+1} \mid \theta_c^{\tau}) \mid \theta_c^{\tau})$
9：　累计 Critic 奖励 $\Delta\theta_c^{\text{lo}} = \Delta\theta_c^{\text{lo}} + \nabla_{\theta_c^{\tau}} Q_{\pi}^{\text{lo}}(Q_{\pi}^{\text{lo}}(s_z, g_z, a_z \mid \theta_c^{\text{lo}}) - y)^2$
10：累计 Actor$\Delta\theta_a^{\text{lo}} = \Delta\theta_a^{\text{lo}} + \nabla_{\theta_\pi^{\tau}} Q_{\pi}^{\text{lo}}(s_z, g_z, Q_{\pi}^{\text{lo}}(s_z, g_z \mid \theta_c^{\tau}) \mid \theta_c^{\tau}) \nabla_{\theta_a^{\text{lo}}} \pi_{\theta}^{\text{lo}}(s_z, g_z \mid \theta_c^{\tau}) \mid \theta_c^{\tau}$
11：if $T \bmod N_{\text{target}} == 0$ then
12：　$\theta_c^{\text{lo}} \rightarrow \theta_c^{\tau}$, $\theta_a^{\text{lo}} \rightarrow \theta_a^{\tau}$
13：end if
14：if $T \bmod N_{\text{target}} == 0$ then
15：　执行异步更新 $\theta - \eta \dfrac{\Delta\theta_i}{\sqrt{g+\varepsilon}} \rightarrow \theta_i$
16：　积梯度清零 $\Delta\theta \rightarrow 0$
17：end if
18：until $T \geqslant T_{\max}$
───

6.3.3　基于时序 MARL 的规划层协同训练

在规划层策略 Manager 训练，π^{hi} 参数优化的目标为最大化其目标值函数 $Q_{\pi}^{\text{lo}}(s,g)$，即在状态 s 下采取行动 g 时 Actor 策略网络 π^{hi} 的期望总报酬为 r^{hi} 最大化。对于规划层策略 Manager π^{hi} 的奖励 r^{hi}，将车队总体燃油效率作为评价指标，即采用单位燃油消耗下车队各车总体行驶距离作为奖励；同时为了限制车辆跟驰距离与电池 SOC 距离，将违反安全约束下的奖励信号设置为 0，如下所示：

$$r^{\text{hi}}(s_1,\cdots,s_N;g_1,\cdots,g_N)$$
$$=\begin{cases} \sum_{i}^{N}\dfrac{p_i(t)-p_i(t-1)}{c_i(t)}, & \forall\ \hat{l_{\min}}\geqslant l_i\geqslant \hat{l_{\max}}, \hat{\text{SOC}_{\min}}\geqslant \text{SOC}_i\geqslant \hat{\text{SOC}_{\max}} \\ 0, & \exists\ l_i<\hat{l_{\min}}\ \text{或}\ l_i>\hat{l_{\max}}, \text{SOC}_i<\hat{\text{SOC}_{\min}}\ \text{或}\ \text{SOC}_i>\hat{\text{SOC}_{\max}} \end{cases} \quad (6.13)$$

可以看出,Manager 的值函数是多智能体联合目标 $g_1,\cdots,g_N$ 下的奖励估计,从而引导智能体中上层策略考虑系统整体状态,通过合作方式设定各自的 SOC 与 τ 的长期规划,进而基于队列多车协同从耦合动作空间中提取高维表征,从而在合作优化时通过长期目标引导,在具体实现中通过各智能体 Worker 独立实现,从而减轻了高维连续动作空间多智能体强化学习优化复杂度。

考虑到车队节能优化目标的高度时序关联,在 Manager 值函数估计中引入长短时记忆神经网络(long short-term memory,LSTM)[8],表示 Critic 在当前控制信号下对车队运动过程的影响。当多智能体策略训练中 Critic 进行值函数估计时,通过从数据库 D 包含采样获取训练的小批量(mini－batch),一个 mini－batch 中包含多组状态转移时序元组 B_t,每一个元组中包含 $(s_1,\cdots,s_N;s'_1,\cdots,s'_N;g_1,\cdots,g_N;r_1,\cdots,r_N)$,表示在轨迹中时间步长 t 下所有智能体在特定状态 $s_1,\cdots,s_N$ 分别输出各智能体目标 $g_1,\cdots,g_N$ 下的反馈奖励 $r_1,\cdots,r_N$ 与下一时间步长下系统状态 $o'_1,\cdots,o'_N$。在 mini－batch 采样中,同时获取 B_t 连续前 n 步长的数据元组 $B_{t-n},\cdots,B_{t-1}$ 作为 Critic 的输入,Critic 中 LSTM 单元作为循环神经网络的变种可以习得输入数据的长期时序关联性,包含三个门控单元,分别为遗忘门 f_t、输入门 i_t 与输出门 s_t,模型结构如图 6.5 所示。图中,U 和 W 都为矩阵,有 $U\cdot h+W\cdot x\sim W\cdot(h,x)$,计算时把输入 h、x 合并,将 U 和 W 都看作 W。

在前向计算过程中,遗忘门 f_t 以上一个 LSTM 神经元 h_{t-1} 与各智能体观测变量 $s_1,\cdots,s_N$ 为输入,通过以 Sigmoid(图 6.5 中简写为 sigm)为激活函数将 σ 映射到 0 与 1 之间,如下所述:

$$f_t=\sigma(\boldsymbol{W}_\text{f}\cdot(s_1,\cdots,s_N)+\boldsymbol{U}_f\cdot h_{t-1}\cdot b_\text{f}) \quad (6.14)$$

输入门 i_t 同样以上一个 LSTM 神经元 h_{t-1} 与各智能体观测变量 $s_1,\cdots,s_N$ 为输入,通过以 Sigmoid 为激活函数 σ 映射到 0 和 1 之间,计算如下:

$$i_t=\sigma(\boldsymbol{W}_\text{i}\cdot(s_1,\cdots,s_N)+\boldsymbol{U}_i\cdot h_{t-1}\cdot b_\text{i}) \quad (6.15)$$

遗忘门 f_t 与输入门 i_t 作为 LSTM 神经元状态更新权重,其值越趋近于 1 则保

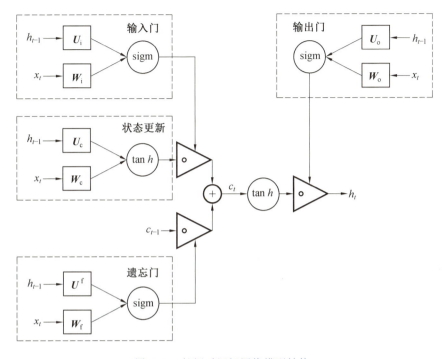

图 6.5　长短时记忆网络模型结构

留越多,越趋近于 0 则遗忘越多。其中,遗忘门 f_t 决定上一神经元状态 c_{t-1} 的权重,而输入门 i_t 为更新状态 $\tilde{c}_t$ 的权重:

$$c_t = f_t * c_{t-1} + i_t * \tilde{c}_t \tag{6.16}$$

式中,神经元更新状态 $\tilde{c}_t$ 为输入 h_{t-1} 与各智能体观测变量 $s_1,\cdots,s_N$ 通过激活函数 $\tan h$ 映射到 -1 与 1 之间的实数:

$$\tilde{c}_t = \tan h(\boldsymbol{W}_c \cdot (s_1,\cdots,s_N) + \boldsymbol{U}_c \cdot h_{t-1} \cdot b_c) \tag{6.17}$$

输出门 o_t 决定神经元状态输出的权重,同样以上一个 LSTM 神经元输入 h_{t-1} 与各智能体观测变量 $s_1,\cdots,s_N$,通过以 Sigmoid 为激活函数 σ 映射到 0 和 1 之间:

$$o_t = \sigma(\boldsymbol{W}_o \cdot (s_1,\cdots,s_N) + \boldsymbol{U}_o \cdot h_{t-1} \cdot b_o) \tag{6.18}$$

最终 LSTM 输出 h_t 为

$$h_t = o_t * \tan h(c_t) \tag{6.19}$$

输入门 i_t 给出了需要存储在神经元状态 c_t 中的信息,而遗忘门 f_t 控制从最后一个单元格状态 c_{t-1} 到当前神经元状态 c_t 需要遗忘的信息。输出门 o_t 用于从神经元状态 c_t 生成输出向量 $\boldsymbol{h}_t$。通过对网络中遗忘门、输入门和输出门的控制,根据输入数据的时序关系提取特征。Critic 以 LSTM 对时序观测变量提取高维语义特征向量 h_t 作为全局环境状态 x，B_t 动作集合作为输入通过全连接层计算值函数 Q_i^{hi}：

$$Q_i^{hi} = \mathrm{Dense}(h_t, g_1, \cdots, g_N) \tag{6.20}$$

式中，全连接层 Dense 与第 5 章设置相同，具有三个隐藏层，每层包含 30 个神经元，以 ReLU 为激活函数，输出层只有一个神经元激活函数 Linear。将每一个智能体的规划层 Manager 策略 Actor 深层神经网络 $\pi_{\theta_i}^{hi}$ 简写为 π_i，在策略优化过程中，智能体 i 策略参数优化目标函数可以表示为 $J(\theta_i) = E[R_i]$，则通过梯度下降法优化参数可以表示为

$$\nabla_{\theta_i} J(\theta_i) = E_{s \sim p^\pi, g_i \sim \pi_i}[\nabla_{\theta_i} \log \pi_i(g_i \mid s_i) Q_i^{hi}(x, g_1, \cdots, g_N)] \tag{6.21}$$

式中，$Q_i^{hi}(x, g_1, \cdots, g_N)$ 为集中式目标值函数，以所有的智能体的动作 $a_1, \cdots, a_N$ 与环境全局状态 x 作为输入计算智能体 i 的值函数，其中全局状态 x 为各智能体观测状态的并集 $s_1 \cup s_2 \cup \cdots \cup s_N$。因此，由于每个智能体中 Q_i^{hi} 是单独训练的，因此保证了智能体不同的目标函数包含个体优化奖励与群体合作奖励，进而网络参数 θ_i 优化梯度可以写作：

$$\nabla_{\theta_i} J(\pi_i) = E_{x, g \sim D}[\nabla_{\theta_i} \pi_i(g_i \mid s_i) \nabla_{g_i} Q_i^{hi}(x, a_1, \cdots, a_N) \mid_{g_i = \pi_i(s_i)}] \tag{6.22}$$

式中，D 为历史数据库，系统动作值函数 Q_i^{hi} 根据贝尔曼方程可以计算如下：

$$L(\theta_i) = E_{x, a, r, x'}[(Q_i^{hi}(x, g_1, \cdots, g_N) - r_i^{hi} - \gamma Q_i^{\pi'}(x', g_1', \cdots, g_N') \mid_{g_j' = \pi_j'(s_j)})^2] \tag{6.23}$$

式中，π_j' 为所有智能体目标策略集合，$\pi_j' = \{\pi_{\theta_1'}, \cdots, \pi_{\theta_N'}\}$，在优化中以延迟更新的参数 θ_i' 表示。因此，规划层 Manager 更新伪代码如"Algorithin 5"所示。

Algorithm 5　规划层 Manager 参数训练

1： // 假设给定执行层 Worker 控制策略 $a_t \leftarrow \pi_{\theta}^{lo}(s_t, g_t)$

2： for 迭代周期小于 M do

3：　　初始化 N 个智能体的 Manager 网络参数

4：　　合并各智能体状态获取全局状态 x

5：　　for $t = 1$ 到最大迭代周期长度 do

6：　　　　对于每一个智能体 i 根据通过 ϵ-greedy 选择 Actor 输出目标 $g_i = \mu_{\theta_i}(s_i)$

7：　　　　各智能体执行层 Worker 控制策执行根据目标 $g = (g_1, \cdots, g_N)$ 与观测状态 s_i 执行动作 $a = (a_1, \cdots, a_N)$，并获得反馈奖励 r^{hi} 与下一时间步长全局状态 x'

8：　　　　将数据元组 (x, g, r, x') 存入历史数据库 D 中

9：　　　　$x' \rightarrow x$

10：　　　for 智能体 $i = 1$ 到 N do

11：　　　　　从数据库 D 随机采样训练批次 $B_t \sim (x^j, g^j, r^j, x'^j)$

12：　　　　　计算真实值函数 $y^j = r_i^j + \gamma Q_i^{\mu'}(x'^j, a'_1, \cdots, a'_N)|_{a'_k = \mu'_k(o_k^j)}$

13：　　　　　同时获取 B_t 连续前 n 步长的数据元组 $B_{t-n}, \cdots, B_{t-1}$

14：　　　　　计算 LSTM 网络输出 h_t，进而 Critic 值函数估计值 Q_i^{hi}

15：　　　　　通过最小化 loss $L(\theta_i) = \frac{1}{s}\sum_j y^j - Q_i^{hi}$ 更新 Critic 网络参数

16：　　　　　计算 Actor 网络更新梯度：

$$\nabla_{\theta_i} J \approx \frac{1}{B}\sum_j \nabla_{\theta_i}\pi_i(s_i^j)\nabla_{a_i}Q_i^{\mu}(x^j, g_1^j, \cdots, g_i, \cdots, g_N^j)|_{a_i = \pi_i(o_i^j)}$$

17：　　　end for

18：　　　更新每个智能体中的 Actor 网络参数 $i: \tau\theta_i + (1-\tau)\theta'_i \rightarrow \theta'_i$

19：　end for

20： end for

6.4　试验验证与结果分析

6.4.1　策略训练与收敛性分析

在本节中，车队引导车辆被设置为以固定的驾驶工况行驶，进而模拟实际驾

驶过程中不受控制的车队外部车辆,当队列与引导车辆的车头时距小于2 s时,车队进行协同自适应巡航,否则车队处于自由流(即使车速趋近于目标速度)。在训练过程中,引导车辆的车速采用第5章处理后的I-880 CA高速公路实际驾驶速度曲线,车队头车与引导车辆初始车头时距为5 s,试验中设置了800个训练周期进行训练,每个训练周期包含随机采样的10条速度曲线作为前车速度,当车队中任意车辆跟驰间距超过安全约束范围时则视为任务失败并重置训练场景,训练结束后统计每个周期最小、最大与平均奖励,收敛曲线如图6.6所示。

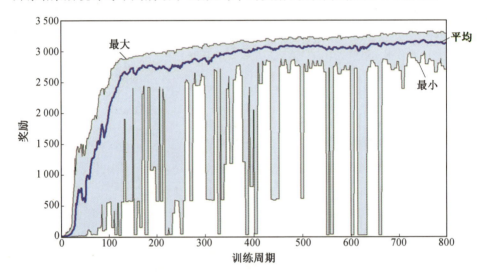

图6.6 多智能体强化学习多车协同控制策略训练收敛曲线

从图6.6中可以看出,通过训练所提出的多智能体强化学习多车协同控制策略最终实现收敛,随着训练周期推进,最大奖励与平均奖励在第150个训练周期前快速提升,ϵ-greedy逐渐依赖神经网络Actor输出减少随机探索比例,同时积累历史经验数据,优化策略参数;在第150个训练周期后增长速率减缓并最终收敛,此时Critic值函数估计的TD误差趋近于0,Actor逼近当前值函数评估最优策略。另外,因为最小策略在训练前期出现任务失败的概率较高(原因为随机探索),因此在一个训练周期中最小奖励较低;而随着训练过程推进,出现任务失败的概率逐渐减少,最终在训练周期所有驾驶场景中都能保证任务成功。这说明所提出的多智能体强化学习在训练中不仅提升了策略性能,同时减少了方差,保证了策略在现实场景差异下泛化能力。

6.4.2 车队纵向运动试验验证与分析

为了进一步验证分析,这一节中将训练后的多智能体强化学习多车协同控制策略在标准工况下进行测试验证,其中引导车辆工况为 HWFET,测试时引导车辆出发 5 s 后车队头车启动,车队中每辆车的初始 SOC 设置为 0.5。将引导车辆与车队各车速度曲线画在图 6.7 中,从图中可以看出车队在启动过程处于自由流,匀加速前进直到与前车车头时距小于 2 s,后进入队列跟驰行驶模式,车队各车速度曲线与引导车辆相近,且其各车速度具有传递性,即后车随前车速度变化产生延迟变化趋势。此外,可以明显看出,在车队中后车的速度轨迹相较于前车更为平滑,这得益于队列行驶对震荡波的衰减,进而使得道路中引导车辆频繁加减速导致速度震荡逐级消除,最终使得车队后车速度曲线逐渐平滑。从图 6.7 的局部放大图可以看出,特别是在引导车频繁加减速过程中,通过所提出的多车协同控制策略,车队中车辆逐渐减少了无意义的加减速,从而减少制动能量损失与额外能耗。

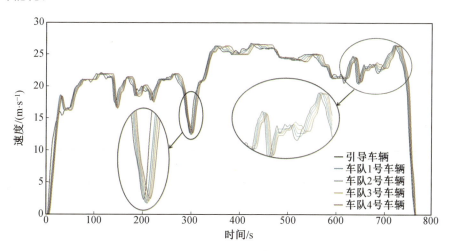

图 6.7 引导车辆与车队各车速度曲线图

结合加速度曲线图 6.8 可以看出,车队加速度曲线相较于引导车有明显的"削峰填谷"现象,特别是在局部放大图中引导车急加减速场景中,车队中每辆车的最大加速度随次序递减,这进一步减少了车队在协同自适应巡航中相对于引导车辆驾驶工况的动力需求,进而减少了总体行程的能量消耗,从车辆运动层面实现了车队节能优化。

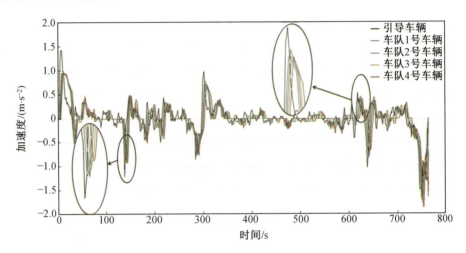

图6.8 引导车辆与车队各车加速度曲线图

此外,通过车队协同控制避免了道路中固有车辆的驾驶员行为所导致的震荡波传播,即沿上游或下游传播的两种不同交通状态之间的不连续跳变。在宏观交通流模型中,根据兰金-于戈尼奥(Rankine-Hugoniot)条件,流量随着密度发生变化就会产生相应波速。对于间隔较短的车队,车队前车突然减速时会产生走停波,将产生交通瓶颈。根据速度曲线图6.7可知,车队协同控制避免了无意义的加减速,进而形成更平滑的速度轨迹,避免震荡波向下游传播。将车队与其所处车道下游车流时空轨迹展示在图6.9中,结合空时图可以看出:通过队列控制使得车队下游车流避免前车不良驾驶行为导致的速度震荡,从而有效衰减震荡波的传播,提升了交通流稳定性,有利于降低事故发生频率与交通整体能耗。

下面进一步分析车队内跟驰车头时距。从图6.10(a)可以看出,在车队从自由流进入引导车辆跟驰距离范围后,车队能实现安全高效的自适应巡航,所有车辆的车头时距都在 $1.2\sim2.0$ s。此外,车队头车的车头时距变化范围明显大于其他三辆车,通过箱形图6.10(b)可以看出车队各车车头时距均值都为 $1.4\sim1.5$ s,其他三辆车车头时距分布方差明显小于头车并存在逐次递减的趋势,这说

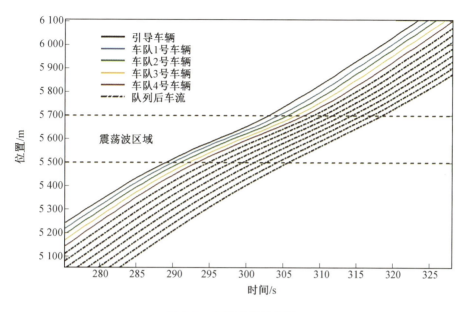

图 6.9 车道车流时空图

明所提出的多智能体强化学习的多车协同控制方法通过自学习训练习得多智能体协作,通过让渡头车的跟驰稳定性与燃油经济性保证车队内部稳定性,结合速度图 6.7 与加速度图 6.8 可知该协作方式减少了后车频繁加减速情况,实现了速度平滑,进而减少了能耗。

车队各车车头时距分位比较图如图 6.11 所示,图中散点表示拟合正态分位数与采样值关系,点划线表示正态分布拟合线 $y=\sigma x+\mu$,斜率为拟合正态分布的标准差,截距为均值。从图中可以看出:除头车外其他三辆车拟合线基本一致,同时斜率依次减小,这进一步验证了车队其他三辆车车头时距分布方差明显小于头车并存在逐次递减的现象。此外,从图中可以看出在 ±1 分位内散点分布与拟合曲线贴合明显,对应纵坐标说明车头时距在 1.35~1.55 s 范围内基本满足正态分布,超出这一范围则不满足正态分布,而这一范围与奖励函数设置最优跟驰间距范围相近。这说明所提出的多智能体强化学习方法通过训练系统协同自适应巡航控制下多目标协同机制,当车辆跟驰车头时距在最优跟驰间距范围内时,利用车头时距减少高耗能驾驶行为,完全释放节能潜力;而当超过此范围时,为了避免安全隐患与失稳风险,在速度控制中主动调节车头时距。

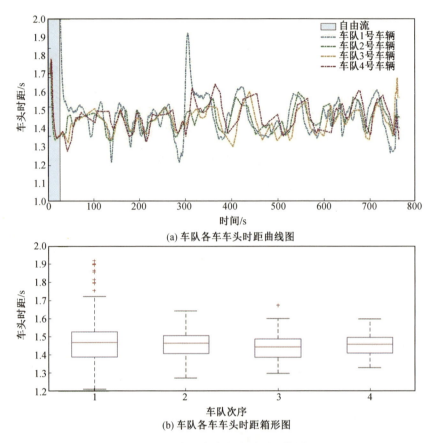

图 6.10 车队各车车头时距比较图

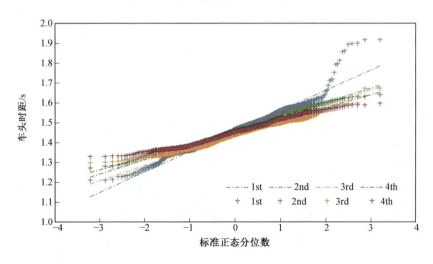

图 6.11 车队各车车头时距分位比较图

6.4.3 车队动力系统试验验证与分析

从上述分析可知,所提出的方法在整车纵向运动层面有效实现了车队协同节能优化,本节继续分析车队各车混合动力系统工作状态,验证动力系统层面的节能效果。发动机工作点分布图如图 6.12(a) 所示,从中可以看出各车的发动机工作点都分布在经济区间内;结合频率直方图 6.12(b) 可以看出各车发动机超过 80% 的工作点燃料消耗率小于 220 g/(kW·h),发动机整体工作效率较高。此外,明显可以看出车队内发动机工作点的分布范围随车辆在车队内的次序靠后而减小,特别是尾车发动机 90% 以上的工作点燃料消耗率都小于 200 g/(kW·h)。这说明所提出的多智能体车队协同节能优化方法不仅在纵向运动层面实现了车队震荡波影响逐级衰减,而且对于混合动力系统来说同时减少了发动机高耗能工作频率。其主要原因在于:在所提出的协同控制策略下,车队中后车相对前车驾驶工况更平滑,进而加减速度导致动力需求突变,有利于动力系统底层能量管理调节,使发动机工作状态维持在高效燃油经济区间。另一方面,该优势同样得益于车队内每辆车的控制策略均沿用第 5 章 ACC－EMS 一体式控制架构,避免传统串联式控制架构先速度控制后能量管理的节能优化瓶颈,在运动控制的同时考虑动力系统中各驱动元件的工作特性,从而使得发动机工作状态总保持在高效的经济区间。

此外,对驱动电机工作点分布图 6.13 进行分析可以看出,车队中驱动电机的动作点同样具有相似分布趋势,从整体分布态势可以明显划分为三类:(1) 当需求输出功率高时,驱动电机动作点分布在高效率区间,电机高效驱动;(2) 当需求输入功率高时,驱动电机动作点分布在高效率区间,电机高效充电;(3) 当需求功率低时,驱动电机动作点分布根据驾驶工况动力需求决定,以电机作为独立驱动元件,避免发动机工作在低功率－高燃油消耗率区间。这说明所提出的控制策略通过训练习得实现电机高效工作的方式,同时在能量分配中发动机的工作效率优先级高于驱动电机,优先保证发动机的燃油经济性。其主要原因是奖励函数中能量消耗以当前市场价格进行加权,而电价明显低于油价,因此在强化学习训练过程中智能体意识到电机与发动机工作效率权衡中发动机对奖励影响更高,这一策略也符合节能减排目标。

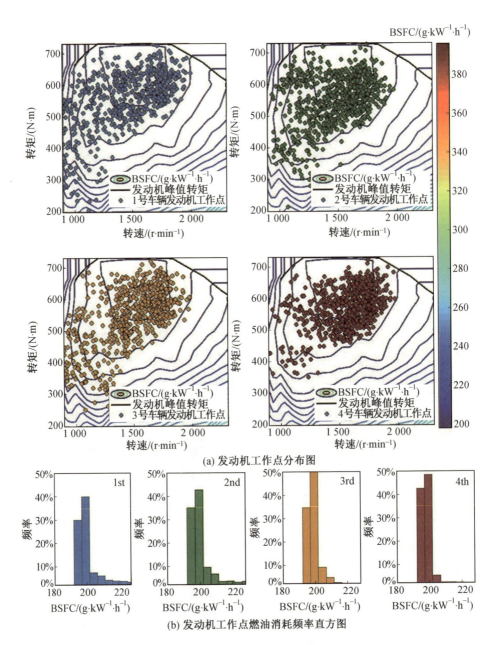

(a) 发动机工作点分布图

(b) 发动机工作点燃油消耗频率直方图

图 6.12 车队各车发动机工作状态

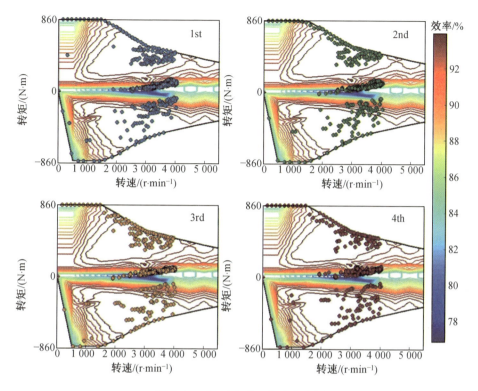

图 6.13 驱动电机工作点分布图

根据动力电池 SOC 曲线图 6.14 可以看出,车队中动力电池 SOC 轨迹相近,结合速度曲线图 6.7 可知电池 SOC 总体在 0~400 s 低速段(最大速度小于 22 m/s)充电,在 400~700 s 高速段(平均速度为 25 m/s)放电,在 700 s 后制动过程利用电机制动能量回收为电池快速充电。总体 SOC 变化范围为 0.4~0.6,结合电池内阻与 SOC 关系曲线可知,该范围内电池内阻最低,从而有效降低了电池内阻的能量损失。这说明所提出的方法通过训练习得在协同自适应巡航控制中维持电池荷电状态,进而保证电池健康高效的工作状态,提升电池充放电效率,实现节能优化。

综上所述,所提出的基于多智能体强化学习的车队协同节能优化控制在动力系统层面使得车队各车工作效率有明显提升,这得益于分层多智能体强化学习的架构,通过统一的训练架构将多车的速度控制与能量管理控制联系为一个整体,进而实现运动控制与能量分配两个层面的节能优化。

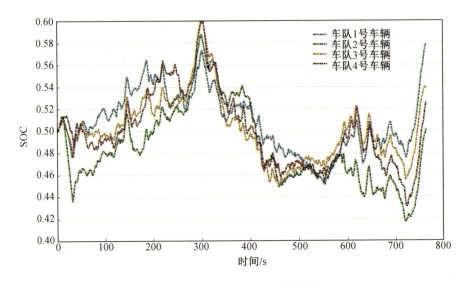

图 6.14 动力电池 SOC 曲线图

6.4.4 对比验证与分析

为了进一步验证所提出的多智能体分层长短时记忆强化学习策略的优势（简写为 MARL－LSTM），在本节中与两种对比策略在相同驾驶工况下进行对比验证。首先，为了验证本章中引入的多智能体强化学习的优势增益，在本节建立第 5 章所述的单智能体分层强化学习 Manager－Worker 作为对比基准，同时为了控制变量，表明多智能体强化学习架构增益，对比单智能体 Manager－Worker 中 Actor－Critic 网络采用相同架构，其中与第 5 章的不同点为在 Manager 的 Critic 网络中引入 LSTM，该对比策略在本节命名为 RL－LSTM；此外，为了验证引入 LSTM 带来的优势增益，本节对比相同分层多智能体策略但规划层 Manager 中没有引入 LSTM 网络，而是与第 5 章相同地采用一个三隐藏层的全连接网络，输入系统状态与所有智能体控制动作直接输出值函数，本节命名为 MARL；另外将基于 IDM 的跟驰速度控制与规则式能量管理策略 RB 组成的串联控制器作为当前在线控制基准，以验证策略节能水平。四种控制策略下车队各车能耗对比图如图 6.15 所示，所提出的 MARL－LSTM 策略下车队整体能耗最小，相较于 IDM＋RB 能耗减少了 19.2%，但车队中 MARL－LSTM 并非全部车辆最优，其中 RL－LSTM 策略下车队头车能耗最低，而 MARL－LSTM 策略下车队中其他三辆车能耗都为最低。这说明所提出的MARL-LSTM习得通过多智能体协同促进车队内部各车协作,从而避免RL-LSTM单智能体优化方法下各车独立优化导致系统内部博弈所带来的总体奖励下降。此外,MARL策略下的能耗明显高于其他两种策略下的能耗,说明在队列长期规划中引入LSTM可以明显提升优化效果。

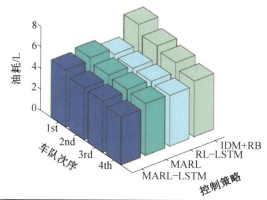

车队次序	油耗/L			
	MARL-LSTM	MARL	RL-LSTM	IDM+RB
1st	5.48	5.74	5.15	7.12
2nd	4.94	5.29	5.03	6.27
3rd	4.88	5.12	4.98	5.86
4th	4.55	4.97	4.85	5.32
车队整体	19.85	21.12	20.01	24.57

图 6.15 四种控制策略下车队各车能耗对比图

进而对四种控制策略下车队各车速度曲线进行分析,如图 6.16 所示,在相同引导车辆速度曲线下,不同的协同自适应巡航控制策略下各车速度仍有明显差异。其中,MARL策略的速度曲线相较于其他三种策略震荡更明显;IDM+RB的速度曲线在一定程度上减少了震荡,但相较于RL-LSTM与MARL-LSTM两种策略下的速度曲线其加减速频率更高。其主要原因可能在于在规划层Manager中引入LSTM后在对执行层Worker设定目标能够有效把握车队整体运动状态,从而避免了前车急加减速下带来的震荡波对平稳队列行驶状态的冲击。而对比RL-LSTM与MARL-LSTM可见,MARL-LSTM策略下速度曲线匀速过程更多,在3号与4号车最为显著,这说明所提出的MARL-LSTM策

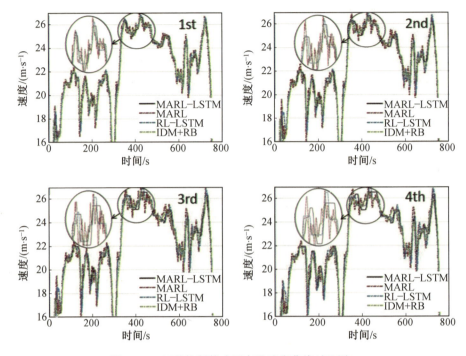

图 6.16　四种控制策略下车队速度曲线对比图

略通过多智能体协同对队列后车节能驾驶优化明显,充分利用队列行驶优势减少加减速次数,从而提升整体燃油经济性。

结合图 6.17 中尾车动力系统功率曲线进一步分析可知,MARL 策略下车队能耗高的另一个关键原因是其发动机始终处于工作状态,由于其值函数估计中缺乏长期工况时序关联性特征提取,该策略下完全不关闭发动机,只根据动力需求的大小调节发动机输出功率,从而简化了是否使用发动机的长期决策,最终陷入了模式崩塌(model collapse)下的次优策略。相反,RL－LSTM 策略与 MARL－LSTM 策略通过训练都实现了根据需求功率决定是否使用发动机,而 MARL－LSTM 策略发动机总体工作时间更短,同时避免了 IDM＋RB 策略的规则式能量管理输出功率持续波动带来的高能耗。结合速度曲线图 6.16 可以进一步发现,MARL－LSTM 策略的发动机在加速过程中输出功率提取驱动力,RL－LSTM 策略在高速行驶过程中加减速都有发动机工作,从而电机回收发动机额外输出功率的情况不可避免,进而由二次能量转换带来能量损失。这也说明在所提出的集中训练分布控制架构下,由于车辆直接知识共享提升了策略的泛化能力,利用多智能体广泛探索提升策略在复杂驾驶环境中的适应性。

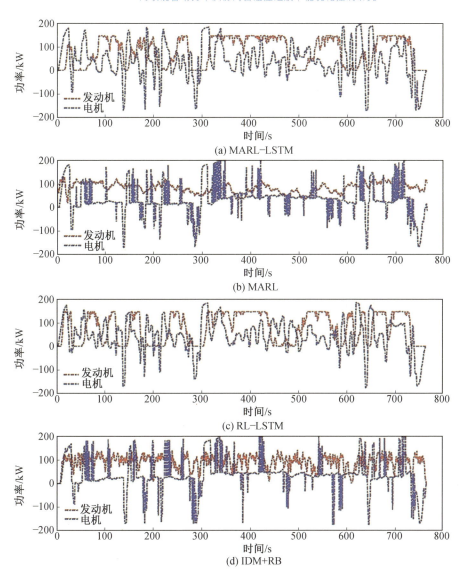

图 6.17 四种控制策略下尾车动力系统功率曲线对比图

6.5 本章小结

本章提出了一种面向车队协同节能优化的基于多智能体强化学习的集中式训练分布式控制框架,在第 5 章的分层式强化学习架构基础上引入多智能体马尔可夫博弈理论,构建联合车队各车辆系统动作的动作值函数,并通过长短时记忆神经网络捕捉值函数估计中的时序关联性;在执行层控制中充分利用车队各混合动力汽车构型相同、底层控制任务相近的特征,提出异步强化学习方法,实现探索数据的知识共享。通过 I-880 CA 高速公路上采集的真实行驶速度曲线作为引导车辆的驾驶场景训练,所提出的控制策略最终实现收敛,根据试验验证结果分析,所提出的方法实现了高效车队协同自适应巡航,在保证车队稳定性与安全性的前提下有效减少了车辆加减速次数与引导车辆不良驾驶行为下震荡波的传播,有效减少车队整体能耗的同时提升交通流稳定性。此外,该策略提升了混合动力车队各车动力系统驱动元件的工作效率与燃油经济性,在保证动力电池SOC 的前提下实现高效、节能的能量分配,从动力系统、驾驶行为、多车协同三个层面实现车队节能优化。

本章参考文献

[1] MARTINEZ C M, HU X S, CAO D P, et al. Energy management in plug-in hybrid electric vehicles: Recent progress and a connected vehicles perspective[J]. IEEE transactions on vehicular technology, 2017, 66(6):4534-4549.

[2] 李克强,戴一凡,李升波,等. 智能网联汽车(ICV)技术的发展现状及趋势[J]. 汽车安全与节能学报, 2017, 8(1):1-14.

[3] DESJARDINS C, CHAIB-DRAA B. Cooperative adaptive cruise control: a reinforcement learning approach[J]. IEEE transactions on intelligent transportation systems, 2011, 12(4):1248-1260.

[4] HE X Z, WU X K. Eco-driving advisory strategies for a platoon of mixed gasoline and electric vehicles in a connected vehicle system[J]. Transportation research part D: transport and environment, 2018, 63:907-922.

[5] WANG J H, XU W K, GU Y J, et al. Multi-agent reinforcement learning for active voltage control on power distribution networks[J]. Advances in neural information processing systems, 2022, 34:3271-3284.

[6] SHARMA P K, ZAROUKIAN E G, FERNANDEZ R, et al. Survey of

recent multi-agent reinforcement learning algorithms utilizing centralized training[C]// Artificial Intelligence and Machine Learning for Multi-Domain Operations Applications III. April 12-17,2021. Online Only,USA. SPIE,2021.

[7] VAMVOUDAKIS K G, WAN Y, LEWIS F L, et al. Handbook of reinforcement learning and control[M]. Berlin, Germany: Springer, 2021.

[8] JIA Z C, GAO Q, PENG X H. LSTM-DDPG for trading with variable positions[J]. Sensors, 2021, 21(19):6571.

附 录

[1] ZHANG H, PENG J, DONG H, et al. Integrated velocity optimization and energy management strategy for hybrid electric vehicle platoon: A multi-agent reinforcement learning approach[J]. IEEE transactions on transportation electrification, 2024, 10(2): 2547-2561.

[2] ZHANG H, PENG J, DONG H, et al. Hierarchical reinforcement learning based energy management strategy of plug-in hybrid electric vehicle for ecological car-following process[J]. Applied energy, 2023, 333: 120599.

[3] ZHANG H, WU Y, TAN H, et al. Understanding and modeling urban mobility dynamics via disentangled representation learning[J]. IEEE transactions on intelligent transportation systems, 2022, 23(3): 2010-2020.

[4] ZHANG H, PENG J, TAN H, et al. Tackling SOC long-term dynamic for energy management of hybrid electric buses via adaptive policy optimization[J]. Applied energy, 2020, 269: 115031.

[5] ZHANG H, PENG J, TAN H, et al. A deep reinforcement learning-based energy management framework with Lagrangian relaxation for plug-in hybrid electric vehicle[J]. IEEE transactions on transportation electrification, 2021, 7(3): 1146-1160.

[6] 张海龙,赵永娟,张鹏飞,等.基于多智能体强化学习的重载运输车队队列控制[J].兵器装备工程学报,2024,45(08):45-50,66.

[7] TAN H, ZHANG H, PENG J, et al. Energy management of hybrid electric bus based on deep reinforcement learning in continuous state and action space[J]. Energy conversion and management, 2019, 195: 548-560.

[8] PENG J, ZHANG H, MA C, et al. Powertrain Parameters' Optimization

for a Series-Parallel Plug-In Hybrid Electric Bus by Using a Combinatorial Optimization Algorithm[J]. IEEE journal of emerging and selected topics in power electronics,2021,11(1): 32-43.

[9] PENG J,ZHANG H,LI H,et al. Multi-parameter predictive shift schedule of automatic mechanical transmission for electric bus[J]. Proceedings of the institution of mechanical engineers, part D: Journal of automobile engineering,2022,236(9): 2138-2152.

[10] LI L,ZHU J,ZHANG H,et al. Coupled application of generative adversarial networks and conventional neural networks for travel mode detection using GPS data[J]. Transportation research part A: Policy and practice,2020,136: 282-292.

[11] LI S,ZHANG H,TAN H,et al. An Attention - Based Model for Travel Energy Consumption of Electric Vehicle with Traffic Information[J]. Advances in civil engineering,2021,2021(1): 5571271.

[12] DONG H,ZHANG H,DING F,et al. Battery-aware cooperative merging strategy of connected electric vehicles based on reinforcement learning with hindsight experience replay[J]. IEEE transactions on transportation electrification,2022,8(3): 3725-3741.

[13] FENG J,LIN K,SHI T,WU Y,WANG Y,ZHANG H. Cooperative traffic optimization with multi-agent reinforcement learning and evolutionary strategy: Bridging the gap between micro and macro traffic control[J]. Physica A: Statistical mechanics and its applications, 2024, 647: 129734.

[14] WU Y,TAN H,PENG J,ZHANG H,HE H. Deep reinforcement learning of energy management with continuous control strategy and traffic information for a series-parallel plug-in hybrid electric bus[J]. Applied energy,2019,247: 454-466.

[15] LIAN R,PENG J,WU Y,TAN H,ZHANG H. Rule-interposing deep reinforcement learning based energy management strategy for power-split hybrid electric vehicle[J]. Energy, 2020,197: 117297.

[16] CHEN W,PENG J,REN T,ZHANG H,HE H,MA C. Integrated velocity optimization and energy management for FCHEV: An eco-driving approach based on deep reinforcement learning[J]. Energy conversion and management,2023,296:117685.

[17] CHEN W,YIN G,FAN Y,ZHUANG W,ZHANG H,Peng J. Ecological driving strategy for fuel cell hybrid electric vehicle based on continuous deep reinforcement learning[C]//2022 6th CAA International Conference on Vehicular Control and Intelligence (CVCI). October 28-30,2022. Nanjing,China. IEEE,2022:1-6.

[18] WANG C,MA Y,ZHANG S,ZHANG H,PENG J. Global path planning for autonomous driving considering dynamic traffic impedance based on A* algorithm[C]//2022 6th CAA International Conference on Vehicular Control and Intelligence (CVCI). October 28-30,2022. Nanjing,China. IEEE,2022:1-6.

[19] DONG H,DING F,TAN H,ZHANG H. Laplacian integration of graph convolutional network with tensor completion for traffic prediction with missing data in inter-city highway network[J]. Physica A:Statistical mechanics and its applications,2022,586:126474.

[20] 彭剑坤,王勇,李志斌,张海龙,谭华春,丁璠.一种智能网联新能源汽车分层式能耗优化方法.CN112124299B[P].2021-11-02.

[21] 彭剑坤,张海龙,谭华春,李铁柱.一种新能源公交协同调度与节能驾驶系统及其控制方法.CN202011621859.6[P].2024-11-12.